浙江省哲学社会科学研究基地（浙江省现代服务业研究中心）成果。
浙江树人学院专著出版基金资助成果。

数字化赋能开发区治理
——基于网络嵌入的视角

SHUZIHUA FUNENG KAIFAQU ZHILI
JIYU WANGLUO QIANRU DE SHIJIAO

徐优丽　阎洪　著

中国财经出版传媒集团
中国财政经济出版社
·北京·

图书在版编目（CIP）数据

数字化赋能开发区治理：基于网络嵌入的视角 / 徐优丽，阎洪著. -- 北京：中国财政经济出版社，2025.6. -- ISBN 978-7-5223-3906-1

Ⅰ. F127.9-39

中国国家版本馆 CIP 数据核字第 2025JZ7349 号

责任编辑：彭　波　　　　责任校对：张　凡

封面设计：卜建辰　　　　责任印制：史大鹏

数字化赋能开发区治理

——基于网络嵌入的视角

SHUZIHUA FUNENG KAIFAQU ZHILI

——JIYU WANGLUO QIANRU DE SHIJIAO

中国财政经济出版社 出版

URL：http：//www.cfeph.cn

E-mail：cfeph@cfeph.cn

社址：北京市海淀区阜成路甲 28 号　邮政编码：100142

营销中心电话：010-88191522

天猫网店：中国财政经济出版社旗舰店

网址：https：//zgczjjcbs.tmall.com

涿州汇美亿浓印刷有限公司印刷　各地新华书店经销

成品尺寸：170mm×240mm　16 开　12.25 印张　165 000 字

2025 年 6 月第 1 版　2025 年 6 月河北第 1 次印刷

定价：78.00 元

ISBN 978-7-5223-3906-1

（图书出现印装问题，本社负责调换，电话：010-88190548）

本社图书质量投诉电话：010-88190744

打击盗版举报热线：010-88191661　QQ：2242791300

前　言

本书系浙江树人学院学术专著系列，本书聚焦于数字技术赋能开发区治理这一主题，基于开发区、公共治理、网络嵌入等理论，深入剖析了开发区治理的现状、问题及数字技术赋能的理论与实践基础，并构建了相应的理论分析框架与实证分析模型，旨在为开发区治理提供科学的对策建议。在绪论部分，详细阐述了中国开发区治理的现状，包括数量分布、经济态势、基础设施状况、治理模式以及复杂的网络关系，并指出了治理模式与可持续发展需求、开发区技术与转型升级需求、治理观念与多元共治、治理绩效评估指标单一与开发区综合发展之间的矛盾。同时，探讨了数字技术赋能开发区治理的技术支撑体系、赋能阶段、内在需求驱动以及多元主体的推动作用。在理论与实践基础方面，对开发区和开发区治理的概念、治理绩效、数字技术的内涵及赋能理论、网络嵌入理论进行了系统阐述，明确了开发区治理绩效的评价指标、数字技术赋能开发区治理的内涵以及网络嵌入的层次结构与调节作用机制。通过对开发区历史演进与发展脉络的回溯，分析了中国开发区设立的时代背景、发展历程以及生命周期特征。在理论分析框架构建中，从工具化、结构化、智能化三个维度对数字技术赋能进行解析，深入探究开发区网络嵌入的结构性特征，包括环境嵌入性、组织间嵌入性和双边嵌入性，并构建了数字技术赋能的开发区治理理论模型，同时依据科学原则设计了问卷，确定了问卷变量设置与测量维度。在实证分析部分，对问卷发放与回收情况进行概述，对样本基本特征进行描述性统计分析，并通过信效度检验确保研究数据的可靠性与有效性。运用因子分析法对数据进行降维与关键指标提取，分别提取了数字技术赋能、网络嵌入和开发区治理绩效的关键指标，并深入研究了数字技术赋能对开发区治理绩效的影响机理，分析了不同类型开发区的数字技术赋能差异，探讨了网络嵌入在环境嵌入、组织间嵌入和双边嵌入方面的调节作用，得出了相应的研究结果。在对策建议部分，剖析了开发区应用数字技术的现状与问题，包括数字技术赋能应用的浅尝辄止与应用差异、经济发展势头趋缓、多元治理主体参与度不高等问题，并从数字技术应用层面、开发区经济发展层面、深化多元主体共治机制与措施等方面提出了针对性的对策建议，同时以杭州经济技术开发区为例进行了实例研究。最后，总结了研究结论，指出数字技术赋能对开发区治理绩效具有显著影响，网络嵌入在其中起到了重要的调节作用，不同治理模式、生命周期和级别的开发区应选择相应的治理策略，并对未来研究方向进行了展望，强调了进一步深化数字技术赋能开发区治理研究的重要性与必要性。

目 录

第 1 章

绪　论

1.1　中国开发区治理的现状

1.1.1　开发区的数量分布与经济态势

自改革开放以来，中国经济迅猛发展，开发区作为重要的经济发展引擎应运而生。经过多年的建设与演进，开发区在我国经济格局中占据了举足轻重的地位，不仅是经济增长的关键驱动力，更是城镇化进程的重要支撑。截至 2024 年，全国开发区的数量已达 2543 个。在这些开发区中，国家级开发区共有 693 个，它们凭借着优厚的政策资源、强大的资金支持以及高端的人才汇聚，在引领产业升级、推动科技创新等方面发挥着示范与带头作用。省级开发区则多达 1850 个，它们紧密围绕区域经济特色，因地制宜地发展优势产业，成为带动地方经济发展的中坚力量。

从经济规模来看，经过近 40 年的稳健发展，开发区已然成为我国经济体系的中流砥柱。从全国范围来看，2023 年开发区的经济表现展现出强大的活力与韧性。国家级开发区方面，全国 229 个国家级开发区实现地区生产总值（GDP）15.7 万亿元，同比增长 6.4%。其中，第二产业增加值为 9.4 万亿元，同比增长 3.9%；第三产业增加值为 6.1 万亿元，同比增长

9%。国家级开发区的财政收入达到2.7万亿元，同比增长5%，税收收入为2.5万亿元，同比增长9.4%。进出口总额为10.1万亿元，其中出口6万亿元，进口4.1万亿元，同比增长1%。实际使用外资为395亿美元，同比下降2.7%。这一数据不仅直观地体现了开发区在经济总量上的巨大贡献，更深刻地反映出其在我国经济发展格局中占据着不可或缺的重要地位。开发区作为经济发展和城镇化的重要空间载体，在产业集聚、人口吸纳、城市建设等方面发挥着多重功效。大量的企业在开发区内汇聚，形成了完整的产业链条，极大地提高了生产效率，促进了产业的协同发展。同时，随着开发区的不断发展壮大，基础设施不断完善，吸引了大量人口流入，有力地推动了城镇化进程。

1.1.2 开发区的基础设施状况

2022年，全国开发区基础设施投资总额超过2万亿元，占全国基础设施投资的15%。全国各大开发区普遍接入高速公路网络，如北京经济技术开发区、上海浦东新区等，高速公路覆盖率超过90%，确保了物流的高效流通。许多开发区内设有地铁和轻轨站点，如深圳南山科技园、苏州工业园区等，地铁覆盖率达到80%，极大提升了通勤便利性。全国开发区平均每10平方千米设有1座变电站，电力供应稳定，停电率低于0.1%。约60%的开发区引入了智能电网技术，提升了电力系统的可靠性和能源利用效率。全国开发区光纤网络覆盖率超过95%，4G/5G基站密度达到每平方千米5个以上，确保了高速、稳定的通信服务。现代化供水系统覆盖率超过90%，水质达标率99%以上。污水处理设施普及率超过85%，污水处理率达到95%，有效保护了生态环境。在多元化能源方面，除了传统电力，约50%的开发区引入了天然气、太阳能等清洁能源，构建了多层次的能源保障体系。可以说开发区的基础设施建设还是比较完善的。

1.1.3　开发区治理模式

目前中国开发区的治理模式以政府型、企业型以及介于中间的政企合作型为主。其中，政府型治理模式在中国开发区中占据着较大的比例。

政府主导型治理模式，指在开发区设立管委会的同时，也组建相应的开发建设总公司。虽然这种开发总公司也是经济实体，但其管理行为仍然具有很强的行政性。管委会和总公司在人员配置上相互混合，管委会主任和公司总经理常常是同一个人，即所谓的“两块牌子，一套班子”。在这种管理模式下，政府的管理具有双重性质，既具有行政职能又具有经济开发职能。政府不仅拥有审批、规划、协调等行政职权，同时还负责资金筹措、开发建设等具体经营事务。而开发区开发总公司的决策权相对较小，或从属于开发区管委会。这种模式容易产生机构膨胀、内部职责不清等弊端，还可能导致总公司发展动力不足及过多依赖于管委会的行政职能等问题。这些问题可能造成总公司市场压力不大，自我发展能力不强，不能迅速适应市场经济的要求，影响建立现代企业制度。

企业主导型的治理模式，是我国开发区管理的一种重要方式。这一模式的核心理念是，利用企业的资金、技术和管理经验，来弥补开发区的不足，从而实现高效地发展。苏州工业园区是这一模式的典型代表。该园区的管理委员会（简称管委会）由国务院和江苏省政府共同设立，当作苏州市级政府的派驻机构，主要负责开发区的行政管理工作，并为园区内的企业提供各种服务。与此同时，园区内的开发公司则是一个独立的经济法人实体，由中新两国的财团合资成立，主要负责园区的基础设施建设和开发等工作。在这种模式下，管委会和开发公司的职责明确，各司其职。管委会主要负责行政管理，以确保园区的稳定运行；而开发公司则专注于园区的开发区建设，以推动园区的发展。这种政企分开的模式，使得行政管理和经营管理各自专业化，有利于提高园区的整体运营效率。

公司主导型治理模式，也被称为无管委会模式。这种模式的特点是完全采用经济组织的方式进行管理，政府干预较少。最早在我国的蛇口实施，园区内成立开发总公司，当作一个经济法人组织，负责园区的经济活动，并承担部分政府职能。而一般性的管理事务，则由当地政府的相关部门负责。

依据资金来源的不同，开发公司又可以分为三类：

首先，是国有企业模式。尽管设立了管委会，但公司的经营管理和社区一般性事务管理仍占据主导地位。管委会与国有大企业的党委具有类似的功能，例如招商局蛇口工业区。这类开发区大多属于国家所有，企业拥有较多的管理权限。

其次，是外商投资企业模式。该模式下不设立管委会，只由区外主要管理部门进行协调，例如深圳科技工业园、上海漕河泾微电子高技术开发区。这些开发区的各项具体事务均由开发公司投资和管理，科技园总公司或开发总公司总经理负责公司日常工作，对区内各项管理、经济和人事决策具有较大自主权。

最后，是联合企业模式。以国有企业为主，由中外企业参股组建联合公司对开发区进行经营管理。上海的开发区大都采用此种管理模式，如闵行经济技术开发区，就是由上海闵行虹桥开发公司（65%）、中银香港（25%）和中国银行（10%）三家共同出资成立的具有中外合资性质的闵行联合发展有限公司负责开发与管理。再如浦东金桥出口加工区，则是先由市政府投资，注册金桥开发公司，之后与交通银行等合作内联企业，再与招商局等合资成立中外合资公司，最后成为上市的股份公司。

公司治理型模式能够实现开发区开发管理工作的集中化和专业化，提升运营效率，明确开发公司融资主体，有利于构建符合国际惯例的公司治理结构。然而实际上，由于开发区缺乏行政管理机构，在征地、规划、项目审批和劳动人事等方面缺乏行政职能，行政协调能力较弱，权威性不如政府部门，从而影响了管理效力的发挥。这使得开发区在发展过程中受到多方面限制，因此只能在较小型的开发区内适用。另外，开发公司不仅要开发工业用地，还要进行大量的基础设施投资，因此企业承担了很重的社会负担和责任，却不能像大部分行政管理机构那样直接从税收收入中获得投资补偿。其对公共设施的投资将会转嫁到地价上，导致地价过高而陷入开发困境。因此，公司型治理模式必须找到一条途径来解决由企业提供公共产品而造成的外部性问题。为克服种种弊端，授予开发公司部分行政职能是必要的。同时，开发公司的发展确实也需要政府相关部门的帮助和支持。

在国内，公司主导型治理模式主要集中在上海，包括国内最早成立位于浦西的三个国家级经济技术开发区（闵行、虹桥、漕河泾）。后来，浦东开发区中的金桥、外高桥、张江和陆家嘴三个开发区，也采用了这种模式。他们的主要做法是授予开发公司厅局级的行政建制，并代替政府行使一定的管理职能。这说明，在一定条件下，只要赋予开发公司一定的职能，开发区由公司运作这一国际通行的模式，在中国同样具有生命力。但无论哪种治理模式，政府部门的参与和支持都是必不可少的。

政企混合型治理模式，是在政府主导型的基础上略有变革而形成的体制模式，它较好地克服了管委会权力过于集中的问题，削弱了政府权力的介入程度。在该模式下，开发区管委会仍然当作市级政府的派出机构，代表政府对开发区行使行政管理职权。与前一种模式不同的是，开发公司并非由管委会设立，而是当作独立的经济法人实行企业内部自我管理，负责开发区的基础设施建设、招商引资等各项经营管理事务。管委会不直接参与经营活动，但对开发区的各项经济活动负有监督与协调的职责。政企分离型这种管理模式体现了“小政府，大企业”的原则，又可分为管委会与总公司并存型、管委会与专业公司并存型和管委会与联合公司并存型三种。

1.1.4 开发区内复杂的网络关系

开发区作为经济发展的前沿阵地，历经近40年的蓬勃发展，已成为一个高度复杂且充满活力的生态系统。区内各方主体之间的互动日益频繁，逐渐构建起一张错综复杂的关系网络，涵盖了包括当地政府、开发区管委会、开发公司、中介公司、城投公司、物业公司以及形形色色的企业等多元主体。这一网络结构不仅是开发区发展的显著特征，更是推动其持续创新与增长的核心动力。

开发区管委会，作为开发区日常运营与管理的直接责任主体，在关系网络中扮演着至关重要的枢纽角色。它不仅要承担起基础设施建设、招商引资、企业服务等多项具体职能，还要协调各方利益，化解矛盾冲突，确保开发区的平稳有序运行。管委会积极搭建各类交流平台，组织企业开展行业研讨会、项目对接会等活动，促进企业之间的信息共享与合作交流。同时，管委会还与当地政府保持密切沟通，及时反馈开发区的发展需求，争取更多的政策支持与资源倾斜。

开发公司，作为开发区建设的主力军，肩负着土地开发、项目建设以及园区运营等重要使命。它们凭借专业的规划设计能力与强大的资金运作实力，将一片片荒地打造成为现代化的产业园区。在建设过程中，开发公司与各类建筑企业、供应商等建立了紧密的合作关系，确保项目的顺利推进。同时，为提升园区的吸引力与竞争力，开发公司还注重园区配套设施的建设，引入商业综合体、酒店、公寓等多元化业态，为企业和员工提供便捷的生活服务。

中介公司，在开发区的经济活动中发挥着不可或缺的桥梁与纽带作用。它们涵盖了人力资源中介、财务咨询中介、法律咨询中介、知识产权中介等多个领域。人力资源中介能够精准匹配企业的人才需求，为企业输送各类专业人才；财务咨询中介则为企业提供财务管理、税务筹划等专业服务，帮助企业优化财务结构，降低运营成本；法律咨询中介为企业提供法律咨询与法律援助，保障企业的合法权益；知识产权中介协助企业进行专利申请、商标注册等工作，保护企业的创新成果。这些中介公司凭借其专业的服务能力，满足了企业在不同发展阶段的多样化需求，促进了企业的健康发展。

物业公司，作为开发区的后勤保障团队，负责园区的日常物业管理与维护工作。从环境卫生清扫、绿化养护到设施设备维修、安全保卫等，物业公司为企业提供了一个整洁、舒适、安全的办公与生产环境。优质的物业服务不仅能够提升企业的满意度与归属感，还能为开发区的形象加分，吸引更多的企业入驻。

形形色色的企业，作为开发区经济发展的核心力量，在关系网络中相互依存、相互促进。它们涵盖了不同的产业类型、规模大小以及发展阶段。大型龙头企业凭借其强大的技术研发能力、品牌影响力以及市场开拓能力，在产业发展中发挥着引领示范作用，带动了产业链上下游中小企业的协同发展。中小企业则以其灵活的经营机制、创新的商业模式以及对市场变化的快速响应能力，为开发区的经济发展注入了源源不断的活力。企业之间通过技术合作、供应链协作、人才交流等方式，实现了资源共享、优势互补，共同推动了产业的创新发展与升级。

这一复杂的网络关系，已然成为开发区发展的显著标识与核心驱动力。它打破了传统的组织边界与行业壁垒，促进了信息、技术、资金、人才等各类资源在不同主体之间的快速流动与高效配置。在这一网络环境下，企业能够更加便捷地获取所需资源，降低交易成本，提升创新效率。这种多元主体之间的协同合作，极大地激发了开发区的创新活力与发展潜力，推动了开发区在经济、科技、社会等多个领域的持续进步。展望未来，随着经济全球化的深入发展、科技革命的加速推进以及我国经济结构的转型升级，开发区所面临的机遇与挑战并存。

1.2 开发区治理的问题

经过近40年的发展，中国开发区为各地政府带来了增加就业、技术升级和增加税收等各种好处，也对我国宏观经济布局产生了积极的影响，并显现出一定的区域辐射、带动作用。但是有的开发区可持续发展能力不强。许多开发区在招商引资过程中，一味以低廉的地价和优惠政策吸引企业入驻，致使开发区内产业零散，优势产业难以形成，发展后劲不足，给开发区及开发区企业的可持续发展留下了后遗症。例如酒泉经开区就从荒凉的戈壁滩转变为新能源装备制造的“航母”，晋升为国家级经济开发区实属不易。然而，在成为国家级经济开发区仅六年之后，酒泉经开区却遭遇了“摘帽”，以下是开发区治理存在的主要问题。

1.2.1 治理模式与可持续发展需求的矛盾

以苏州工业园区为例，虽然“积分治理”模式提高了治理效率，但在公共服务和社会管理能力提升方面仍面临挑战。这说明开发区的治理模式需要随着发展阶段的变化而不断创新和调整。(1) 政府主导型开发区在初期能够迅速推动基础设施建设和招商引资，但随着发展，可能会面临市场机制不完善、行政干预过多等问题，影响企业的自主性和创新性。(2) 企业主导型开发区在市场灵活性和效率方面具有优势，但可能缺乏公共服务和社会管理职能，导致社会事务管理不足。（3）政企混合型开发区结合了政府和企业的优势，但在实际操作中，可能会出现职责不清、协调不畅等问题，影响治理效率。

1.2.2 开发区技术与转型升级需求的矛盾

许多开发区在数据采集方面仍依赖于传统手段，缺乏高效的信息化系统支持。这导致数据采集的覆盖面有限，数据质量参差不齐，难以全面、准确地反映开发区的实际情况。同时，由于缺乏有效的数据整合平台，各部门之间的数据孤岛现象严重，信息共享和流通受阻。即便部分开发区已经积累了大量数据，但由于缺乏专业的数据分析团队和先进的分析工具，这些数据往往未能得到充分挖掘和利用。结果是，治理决策往往基于经验而非数据驱动，难以实现精准治理和科学决策。

应对紧急情况的反应迟缓，在突发事件或紧急情况下，由于缺乏实时数据的支持，开发区管理层往往难以迅速做出反应，从而影响了治理的时效性和有效性。

智能化基础设施不完善，一些开发区在智能化基础设施建设方面投入不足，导致智能化应用的基础薄弱。例如，智能交通系统、智能监控系统等尚未普及，影响了开发区的整体治理水平。

智能化服务能力不足，在为企业提供智能化服务方面，开发区普遍存在能力不足的问题。例如，在线政务服务、智能咨询等服务的缺失，使得企业办事效率低下，营商环境有待进一步优化。

数字化技术应用不足，许多开发区尚未建立起完善的数据采集、整合和分析体系，导致治理决策缺乏科学性和及时性。

智能化应用滞后，部分开发区在智能化应用方面进展缓慢，影响了治理效能的提升。

1.2.3 治理观念与多元共治的矛盾

1.2.3.1 传统管理思维主导

在许多开发区的治理过程中，仍然深受传统行政管理思维的束缚。管理者往往将自身定位为规则的制定者和执行者，过度强调政府的主导作用，而忽视了市场机制和社会力量在开发区发展中的重要性。例如，在产业规划和招商引资方面，习惯于采用行政命令和政府补贴等手段来推动，而不是充分发挥市场在资源配置中的决定性作用，导致产业结构不合理，资源配置效率低下。一些开发区为了吸引企业入驻，盲目给予土地、税收等优惠政策，却没有考虑到企业的长期发展潜力和与本地产业的协同性，最终造成了资源的浪费和产业的同质化竞争。

同时，在开发区的日常管理中，也存在着“重审批、轻监管”的现象。管理者将大量精力放在项目审批等前置环节，而对项目落地后的运营监管、环境保护、安全生产等方面重视不足。这种管理思维的滞后，使得开发区在面对日益复杂的经济社会环境和多元化的发展需求时，难以作出科学、灵活的决策，无法适应新时代开发区高质量发展的要求。

1.2.3.2 开发区其他治理主体参与度低

其他治理主体参与渠道不畅也是开发区治理过程中其参与度低的一个重要原因。目前，许多开发区缺乏有效的公众参与平台和机制，公众难以了解开发区的发展规划、政策制定和项目建设等信息，也不知道如何表达自己的意见和建议。例如，开发区的规划公示往往只是在政府网站上简单发布，而很多公众并不知晓或不熟悉如何访问这些网站，导致公众无法及时获取相关信息并参与规划的讨论和反馈。即使有一些公众参与的渠道，如听证会、座谈会等，也存在着参与门槛高、参与形式化等问题。听证会的时间、地点安排不合理，导致很多有意愿参与的公众无法参加；座谈会的参与人员往往是经过筛选的，不能充分代表广大公众的利益和诉求。这些问题使得公众参与成为一种形式，无法真正发挥其在开发区治理中的作用。

1.2.4　治理绩效评估指标单一与开发区综合发展的矛盾

在现有的治理绩效评估体系中，GDP、工业总产值、固定资产投资等经济指标占据主导地位，这些指标虽然能够反映开发区的经济实力，但无法全面衡量开发区的综合发展水平。（1）忽视多维绩效：社会、文化、生态等维度的绩效往往被忽视。例如，教育、医疗、文化设施的建设和服务水平，以及环境保护和生态修复的成效，这些对于提升居民生活质量和开发区长期可持续发展至关重要。（2）城市化进程与经济发展脱节：由于评估指标的单一，一些开发区在追求经济增长的同时，忽视了城市配套设施的同步建设，导致居住环境、交通拥堵、公共服务等问题日益突出。（3）开发区的整体竞争力和居民的幸福指数反馈机制不健全：缺乏有效的反馈机制，使得治理过程中的问题难以得到及时发现和纠正，影响了治理体系的持续优化。

1.3　数字技术赋能开发区治理

随着人工智能、大数据、移动互联网、物联网、云计算、区块链等新兴数字技术的不断发展，公共治理领域迎来了新的变革。数字公共治理（亦称为电子治理）的概念应运而生，强调政府可以通过数字化创新手段来改变多主体之间的合作关系，完善信息和公共服务供给，鼓励公民参与决策和公共事务治理，促使政府的治理工作更加透明、有效和负责。在开发区治理中，数字化赋能同样具有重要意义，通过引入先进的数字技术，可以提升开发区的治理效能和可持续发展能力。

1.3.1 数字技术赋能的技术支撑体系

人工智能、云计算、大数据、物联网、区块链等一些数字技术是企业数字化赋能的技术保障，下面将对这些数字技术进行简要介绍。

1.3.1.1 人工智能

人工智能（Artificial Intelligence）是计算机学科的一个分支，被认为是21世纪三大尖端技术之一（邹蕾、张先锋，2012）[1]。“人工智能”一词在1956年首次由McCarthy提出，随后学者们提出了许多原理和理论。尽管人工智能已经发展了60多年，取得了重大进步，但总体来说，目前仍处于初级阶段。当前，人工智能在各个领域都有广泛的应用，包括医疗、金融、安防、交通和智能家居等方面。根据智能程度，人工智能可以分为强人工智能和弱人工智能（莫宏伟，2018）[2]。强人工智能是指能够感知环境并像人类一样自主判断的综合智能。弱人工智能，是指能够完成图像识别、语音识别等特定任务，并在该任务中表现出类似人类智能的能力。目前的人工智能技术主要是弱人工智能，能够完成智能语音助手机器、翻译等特定任务。根据技术领域，人工智能可以分为通用人工智能和专用人工智能。通用人工智能是指能够达到人类智能水平的人工智能，与普通人一样，他们能够学习、理解和解决各个领域问题。这种人工智能技术能够自主学习新知识和技能，在各种情况下自主做出判断。专用人工智能是指面向特定任务或领域的智能系统，与通用人工智能不同的是，专用人工智能不需要具备普遍的认知能力，但可以在特定领域的任务中表现出与人类相近的智能水平（曾毅等，2016）。

1.3.1.2　云计算技术

云计算（Cloud Computing）通过网络将数据的存储、处理和管理任务分散到大规模的分布式计算资源上，为用户提供高效、便捷、高性能、易于管理的互联网技术基础设施服务（田倬璟等，2021）[1]。云计算技术可以分为三个层次，即 IaaS（基础设施即服务）、SaaS（软件即服务）和 PaaS（平台即服务）。IaaS 提供基本的计算、存储和网络资源。SaaS 提供特定行业的业务应用程序服务。PaaS 以 IaaS 为基础，提供更高层次的服务（王佳隽，2010）[2]。

云计算技术具有以下显著特点：（1）高可靠性：云计算技术利用分布式计算和冗余备份的特点，具有高可靠性和高可用性，可保证数据的安全性和业务的连续性；（2）易于管理：云计算技术具有管理灵活的特点，可以在云平台上快速实现各种业务需求；（3）扩展性强：云计算技术具有良好的灵活性。用户可根据业务需求灵活扩容和减容，扩容和减容速度非常快；（4）低成本：云计算技术可以最大限度地降低资源成本。用户只需按需租用云计算服务，无需过多关注硬件和设备维护的成本（Armbrust et al.，2010）[3]。

1.3.1.3　大数据技术

大数据技术（Big Data）是一种利用计算机技术收集、处理、存储、分析和显示来自大量不同来源的数据的技术，涉及数据的收集、存储、处理和可视化（Chen et al.，2014）[4]。大数据是连接人类社会（Human）、信息空间（Cyber System）和物理世界（Physical World）的纽带，主要应用于金融、医疗、零售、广告等领域。当前，传统的数据处理技术已经难以应对日益增长的数据量，而大数据技术可以帮助企业和组织在海量数据中获取所需的有用信息，帮助企业实现在产品和服务精细化营销、销售预测、产品优化和产品推荐等业务，从而更好地为客户提供产品和服务。

1.3.1.4 物联网技术

“物联网”一词起源于1999年的美国麻省理工学院的自动识别中心。物联网技术（Internet of Things）是指通过各种信息传感设备，将所有有感知的物体无缝连接到互联网，进行智能识别和管理的网络。物联网系统包括感知层、传输层和应用层共3个主要层次（胡斌、刘作仪，2018）[2]。由传感器、数据处理设备、通信网络和终端设备组成。目前，物联网技术被广泛应用于许多行业，如工业、交通、医疗等领域（Suila et al.，2023）[3]。总的来说，物联网技术的主要任务是解决不同设备之间的数据共享、物流配送、服务提供等方面的问题，从而实现更高效的管理模式。

1.3.1.5 区块链技术

区块链（Blockchain Technology）是一种分布式数据库技术，具有去中心化、安全性等特点。区块链技术可以应用于各个领域，如物联网、金融、供应链管理、医疗保健等，在这些领域中应用区块链技术，可以有效解决存在的数据安全问题，确保信息的安全性、透明度和可追溯性（Lu，2019）[1]。区块链技术可以记录产品的生产、销售、运输等全过程，企业可以实现数据管理的可信度和透明度，从而保证产品质量和安全性，提高用户体验和数据安全性（Zheng et al.，2018）[2]。此外，区块链技术可以提供安全、透明和高效的交易环境，减少中间环节和降低交易成本。区块链技术可以实现去中心化的数据共享和管理，使企业内部不同部门、不同业务系统能够更快地共享和交换数据，提高了数据共享效率，减少了数据孤岛（邵奇峰等，2018）[3]。

1.3.2 开发区数字技术赋能的三个阶段

在数字经济时代，开发区的数字化转型是提升治理效能和促进可持续发展的必然选择。数字化转型不仅能够优化开发区的管理流程，还能提升其服务质量和竞争力。本书将探讨开发区数字技术赋能分为三个阶段：数字化、网络化和智能化，并分析其在开发区治理中的应用和意义。开发区的数字技术赋能是指通过引入数字技术、优化业务流程和转变管理模式，实现知识、技能和价值创新，提升开发区的治理效能和经济效益。数字化转型可以分为三个阶段：数字化、网络化和智能化。这三个阶段是开发区高质量发展的重要方向和趋势，随着信息技术的不断发展，数字化、网络化、智能化已经渗透开发区的各个方面，成为推动开发区创新、协调、绿色、开放、共享发展，实现高质量发展的关键。

1.3.2.1 数字化

数字化阶段是开发区数字化转型的起点。数字化是指通过数字技术将物理对象、知识技能等复杂多变的信息转化为数字形式进行存储、处理、传输和显示。开发区的数字化主要体现在以下几个方面。

业务流程数字化：将开发区内部的业务流程、数据和信息资源进行数字化处理，实现业务流程和信息交互的自动化。通过数字化技术，开发区可以优化业务流程，提高工作效率，并且通过数字技术可以创新商业模式，开拓新兴市场，提高开发区的竞争力。

数据管理与分析：通过数字化技术，开发区能够更加及时、准确地收集、分析处理和共享各种数据和信息，提高信息透明度。在数据分析方面，将数据分析技术应用到开发区的每一个环节，使数据价值最大化。通过对数据的分析，可以发现开发区建设和管理环节中存在的问题，以及市场的变化趋势，从而采取适当的措施，及时处理相应的问题。

物联网应用：利用物联网技术改造开发区的基础设施，将设备信息数字化数据存储在云端，方便进行实时监控和维护，提高开发区的生产效率。

1.3.2.2 网络化

网络化是指在数字化的基础上，应用互联网技术，将不同地点的计算机及各类电子终端设备等连接在一起，实现用户之间资源和信息的交流和共享。开发区的网络化主要体现在信息平台建设上：应用互联网、云计算、人工智能等技术，建立处理开发区内外部交流活动的信息平台，突破空间限制，将开发区的内外部环境都转变为互联网环境，将传统的人工操作转变为网络化操作，实现更高效、便捷的信息共享和协同工作，从而提高生产效率和协作效率。

1.3.2.3 智能化

智能化阶段是开发区数字化转型的最后阶段。智能化是指在数字化和网络化的基础之上，通过人工智能、大数据、物联网等新一代数字技术，实现开发区业务决策和执行的自动化和智能化。开发区的智能化主要体现在以下两个方面：(1) 管理智能化，采用人工智能技术对开发区的经营管理进行智能分析和预测，从而提高管理效率和决策能力。(2) 服务智能化，利用自然语言处理、语音识别等智能技术，实现高效、智能的客户服务，提高客户满意度。

总体而言，数字化是开发区转型的基础，网络化是协同的重点，智能化是提升开发区核心竞争力的关键。数字化、网络化和智能化是开发区数字化转型的三个阶段，开发区应该根据不同的实际需求和发展阶段来考虑其数字化转型的发展和应用需要。

1.3.3 开发区发展的内在需求驱动数字赋能

(1) 产业升级的需求。随着全球经济竞争的加剧，开发区的产业升级迫在眉睫。传统产业面临着技术落后、效率低下、竞争力不足等问题，需要借助数字技术实现转型升级。例如，制造业可以通过引入智能制造技术，实现生产过程的自动化、智能化和数字化，提高生产效率和产品质量。同时，数字技术还可以催生新的产业形态和商业模式，如电子商务、数字创意产业等，为开发区的经济增长注入新的动力。

（2）提高管理效率的需求。传统的开发区管理模式存在着信息不对称、决策效率低、管理成本高等问题。数字技术的应用可以打破信息壁垒，实现信息的实时共享和快速传递，提高决策的科学性和准确性。例如，通过建立数字化的管理平台，开发区可以实现对企业的一站式服务，简化办事流程，提高办事效率。同时，数字技术还可以实现对开发区内资源的精细化管理，提高资源的利用效率，降低管理成本。

（3）提升服务质量的需求。开发区的服务质量直接关系企业的满意度和发展环境。数字技术的应用可以为企业提供更加便捷、高效、个性化的服务。例如，通过建设在线政务服务平台，企业可以实现网上办事、预约服务等功能，减少办事时间和成本。同时，数字技术还可以为企业提供精准的政策推送和咨询服务，帮助企业及时了解政策动态，享受政策优惠。此外，数字技术还可以应用于开发区的公共服务领域，如教育、医疗、文化等，提高公共服务的质量和水平。

1.3.4 开发区多元主体对数字技术赋能的推动作用

1.3.4.1 政府部门

首先，政府部门在数字技术赋能开发区中扮演着关键的引导和支持角色。政府可以通过制定相关政策和法规，为数字技术在开发区的应用和发展创造良好的政策环境。从财政资金支持来看，自 2023 年起，政府便每年从财政预算中划拨数千万元甚至上亿元的资金，设立数字技术发展专项资金，全力支持开发区内企业开展数字技术研发项目，助力企业在大数据、人工智能、物联网等关键领域加大投入，突破技术瓶颈。自 2024 年起，政府对符合条件的企业提供贷款贴息支持，贴息比例在 20%~50%，有效降低企业融资成本，推动企业积极引入数字技术进行转型升级。税收优惠政策方面，自 2021 年起，新设立的数字技术企业自获利年度起可享受前两年免征企业所得税，后三年减半征收的优惠政策，符合条件的高新技术企业，企业所得税税率从 25% 降至 15%，这大大激发了企业加大研发投入的积极性。自 2020 年起，软件企业销售自行开发软件产品，增值税实际税负超过 3% 的部分实行即征即退政策，切实降低了企业的增值税负担。同时，财政部税务总局 2024 年 9 号公告，对 2024 ~ 2027 年企业专用设备数字化、智能化改造投入给予企业所得税抵免优惠，进一步推动了企业的数字化进程。

其次，在产业政策引导方面，自 2022 年起，政府结合开发区实际，制定详细的数字技术产业发展规划，明确将大数据、人工智能、区块链等前沿领域作为重点发展方向，引导企业集聚发展。自 2023 年起，政府加大对数字技术产业园区和创新平台的建设投入，通过提供优惠土地政策、完善基础设施和配套服务，吸引企业入驻，并鼓励企业与高校、科研机构合作，建立产学研用创新平台。例如，太原市依据《太原市人民政府关于太原市加快推进数字经济发展的实施意见》（并政发〔2022〕19 号）等文件，积极推进数字经济产业集聚发展，加速数字技术的研发和应用转化。此外，政府还可以通过建立数据共享平台，打破部门之间的数据壁垒，促进数据的流通和共享，为数字技术的应用提供丰富的数据资源。

最后，政府可以通过组织培训和宣传活动，提高开发区内各主体对数字技术的认识和应用能力，营造良好的数字技术发展氛围。

1.3.4.2 开发区内的企业

开发区内的企业是数字技术应用的直接主体和受益者。一方面，企业为了提高自身的竞争力，会积极主动地引入数字技术，对生产流程、管理模式和商业模式进行创新。例如，制造业企业可以利用智能制造技术，实现生产过程的自动化、智能化和数字化，提高生产效率和产品质量；服务业企业可以借助大数据分析技术，精准把握市场需求，优化服务流程，提升服务质量。另一方面，企业之间的合作与协同也能够促进数字技术在开发区内的广泛应用。通过建立产业联盟、开展产学研合作等方式，企业可以共享数字技术资源，共同攻克技术难题，推动数字技术在产业链上的协同创新。此外，企业还可以通过参与数字技术的研发和应用，为开发区的数字技术发展提供实践经验和创新思路。

1.3.4.3 物业公司

物业公司在开发区的日常管理和服务中发挥着重要作用。在数字技术赋能开发区的过程中，物业公司可以利用数字技术，提升管理和服务水平。例如，通过引入智能安防系统，实现对开发区的实时监控和安全管理；利用智能物业管理系统，提高物业维修、保洁、绿化等服务的效率和质量。此外，物业公司还可以通过建设智慧社区平台，为居民提供便捷的生活服务，如在线缴费、报修、社区活动报名等，提高居民的生活满意度。

1.3.4.4 开发区内的居民

开发区内的居民是数字技术应用的最终受益者，他们的需求和反馈对数字技术的发展具有重要的导向作用。随着生活水平的提高，居民对生活环境、公共服务等方面提出了更高的要求，这也为数字技术的应用提供了广阔的空间。例如，居民对智能交通、智能环保、智能社区等方面的需求，推动了相关数字技术在开发区的应用和发展。同时，居民可以通过各种渠道对数字技术的应用效果进行反馈和监督，帮助政府和企业及时发现问题，改进和优化数字技术的应用。此外，居民还可以通过参与数字技术的应用和推广，提高自身的数字素养和技能，为数字技术的发展营造良好的社会氛围。

从多元主体的推动角度来看，数字技术赋能开发区具有充分的可行性。各主体在数字技术的应用和发展中都发挥着不可替代的作用，通过加强各主体之间的合作与协同，形成合力，能够推动数字技术在开发区的广泛应用和深入发展，实现开发区的高质量发展。

第 2 章

数字技术赋能开发区治理的理论与实践基础

2.1 开发区和开发区治理

2.1.1 开发区的内涵

2.1.1.1 开发区的定义

目前，对于开发区并没有严格的统一定义，根据不同学者的定义论述，中国的开发区发展是一个概念泛化、形式分化多轮涌现的过程，因此开发区的概念是一个内涵和外延都比较模糊且不断增添新的价值的综合性概念。与国际通用的 SEZ（Special Economic Zone）相似但是又不尽相同，相对而言，中国开发区概念则更加宽泛。从开发区的内涵来看，朱永新（2001）认为开发区是一个国家或者区域，在交通基础设施便利的地方，例如香港、陆地交通枢纽等地，划出一定范围，在对外经济交流中，实行一些减免或者补贴等相关的优惠性方式，发展对外贸易，最终的目的是促进本国的经济发展或者是科技进步。因此在对外的交流中，通过利用丰厚的国际资本或者是先进的科技来发展本国的经济事业，以达到增加本国人口就业机会、扩大物资出口、为国家赚取外汇储备的目的。胡丽燕（2016）指出，开发区是指一个国家或地方政府为促进区域经济增长，通过划定特定区域，有效吸引、集中和运用外部生产要素，从而实现经济发展速度的提升。在这一特定区域范围内，享有独特经济政策，并采取与一般地区不同的经济管理方式。丁焕峰（2017）、梁鲜桃等（2004）对此予以认同，他们认为开发区就其本质属于一块特定的区域，无论是政策制度的特殊，还是管理方式的特殊，其目的均是为了吸引其他地区或者国家的生产资源，从而促进自身经济的发展。黄建洪（2010）则将开发区的功能进一步进行拓展，认为开发区是肩负经济建设与体制改革使命的区域。陈红霞（2009）、郑国（2014）等认为开发区是在地理位置上一般选择大型城市的郊区或者拥有发展良好前景的区域，通过实施优惠政策，通过建立完善的基础设施和吸收外资加以本地化生产而形成的经济区域。何兴刚（1993）、韩玉刚等（2016）则认为我国开发区是指经过中央或省级人民政府审批，并以所在城市为依托，为吸引外资和其他生产要素促进区域发展，划定出一定范围并实施特定政策和管理方式的特殊政策区域。综合上述文献对开发区的研究，可以判定开发区一般有几个特征：首先是一般实行较为特色的优惠政策和产业政策的区域，其次划定范围一般不是非常的大，最后开发区对比一般行政区在资源的吸纳和配置以及产业集聚上都具有比较优势。

从开发区的外延概念来看，又有广义和狭义之分。狭义上的开发区指的是根据《中国开发区审核公告目录》，将诸如高新技术开发区、旅游度假区、经济技术开发区等均纳入开发区的范畴。对于广义的开发区，其在开发区公告目录的基础上，还涵盖了经济特区、国家级新区、自贸试验区、国家综合配套改革试验区。在这些区域也实施了特殊的政策。总的来说，这些研究在内涵上概括了开发区的一些基本的特点，如开发区具有明确的地域范围区域，开发区设置具有一定的战略功能与目的，在开发区内实施特殊的政策，开发区内的治理体制具有特殊性等。这些研究为本书对开发区进行内涵界定提供了重要借鉴。

本书认为开发区是指政府为了促进经济发展和改善投资环境，在特定区域内实施一系列优惠政策和措施，吸引国内外投资和企业入驻，推动区域经济发展的区域性开发区域。开发区是指具有较为完善的基础设施建设、政策优惠、管理服务等方面的优势，以及较高的经济增长潜力和竞争力。开发区的设立旨在发展经济、扩大就业、提高地区的整体竞争力，促进区域经济的转型升级和可持续发展。

2.1.1.2 开发区的类型

在我国，开发区从广义范围上来讲包括了最早设立的经济特区，以及之后为应对不同时期和不同区域改革开放的发展需要所建立的经济技术开发区、高新技术产业开发区、出口加工区、旅游度假区、综合保税区等在内的园区，同时有一些学者将近些年设立的国家综合配套改革试验区、自由贸易试验区等也划入开发区的范畴，而在这之中以经济技术开发区和高新技术产业开发区较为典型。而狭义范围的开发区仅指经济技术开发区。开发区因类型划分标准不同也有不同的划分。有的根据产业功能划分，有的根据区域形态划分，还可以根据管理体制的方式和级别划分。

开发区作为推动区域经济发展的重要载体，其类型多样，根据不同的划分标准，可以将其分为以下几种类型：

（1）按开发主体分类。政府主导型开发区：由政府直接投资建设和运营管理，具有较强的政策支持和资源整合能力。企业主导型开发区：由企业投资建设和运营，通常以市场为导向，注重经济效益和产业集聚。政企合作型开发区：政府和企业在合作的基础上共同投资建设和运营，结合了政府政策优势和企业的市场运作能力。

（2）按功能定位分类。经济技术开发区：以发展工业为主，重点引进外资和技术，推动产业升级和技术创新。高新技术产业开发区：聚焦高新技术企业的培育和发展，强调科技创新和研发能力的提升。保税区/自由贸易区：提供关税优惠和贸易便利化措施，促进国际贸易和投资。生态工业园区：注重环境保护和可持续发展，推动产业与生态环境的和谐共生。文化产业园区：以文化创意产业为核心，促进文化产业发展和文化软实力的提升。

（3）按发展层次分类。国家级开发区：由国家层面批准设立，享有国家级的政策支持和资源配置。省级开发区：由省级政府批准设立，具有一定的政策优势，但层次低于国家级。市级及以下开发区：由市或县级政府批准设立，通常规模较小，政策支持力度相对较弱。

（4）按区域特色分类。沿海开发区：依托沿海地理优势，重点发展外向型经济和海洋产业。内陆开发区：结合内陆资源和区位特点，发展特色产业集群。沿边开发区：位于国境线附近，利用边境贸易优势，发展跨境经济合作。这些类型的开发区在促进区域经济发展、优化产业结构、扩大对外开放等方面发挥着重要作用。随着经济全球化的发展，开发区的类型和功能也在不断演变和丰富。

2.1.2 开发区治理概念和模式

2.1.2.1 治理内涵

治理原意指在特定领域范围内行使权威的行为或方式。它不仅隐含着一个政治进程，即在众多不同利益共同发挥作用的领域建立一致或取得认同，以便实施某项计划，而且也涵盖了该领域的所有参与者间的协商和协调活动。这种活动往往需要在合作的基础上寻求共同目标，而在这个过程中，权力的分配和责任的界定是至关重要的。20世纪末，随着全球化和复杂性的增加，西方学者赋予治理新的含义。治理被广泛运用于各个领域，如政治学、行政学、经济学、社会学、国际关系学等。学者们从不同的学科角度探讨治理理论的兴起、治理内涵的界定以及对各领域改革的启示。在这个过程中，政府治理、社会治理、公司治理、全球治理等术语也应运而生。

虽然治理概念在各个领域被运用得越来越广泛，但是对于治理的定义，尚未形成统一的、普遍适用的解释。实际上，由于不同的领域和语境中治理的概念和运用方式存在差异，因此难以给出一个普遍适用的定义。世界银行在其年度报告《治理与发展》中更系统地阐述了治理的概念，将其解释为“为了发展而在一个国家的经济与社会资源的管理中运用权力的方式”。这一解释强调了治理的目标是发展，而权力的运用则是实现发展的手段。全球治理委员会在 *Our Global Neighbourhood* 的报告中也对治理的概念进行了阐述。报告指出，治理是指在全球范围内运用权力的方式，以促进全球伙伴关系的建立和维护。这一解释强调了治理的全球性和跨国家性，并强调了合作与伙伴关系的重要性。随着治理概念影响的不断扩大，治理理论也迅速成为当代的重要理论。它不仅在各个领域得到广泛应用，而且也引发了广泛的讨论和研究。不同国籍的组织和个人都在探讨治理的概念、方法和实践，以应对各种挑战和问题。在这个过程中，治理理论为各领域的改革和发展提供了重要的思路和指导。具体见表 2 - 1。

表 2 - 1　　　　国际组织关于治理的不同定义

国际组织	治理定义
世界银行（World Bank）	治理被定义为一个国家在不同层面上实施经济和社会资源管理的行为。这包括政府制定和执行政策、法律法规以及对社会公共事务和公共服务进行组织、协调和监督的过程。治理的目的是保障国家的稳定、社会秩序的维护和公共利益的实现，从而促进国家的经济和社会发展。在这个过程中，政府、企业、社会组织和公民等各个主体都需要参与其中，共同推动治理目标的实现。
联合国开发署（UDNP）	治理被理解为对经济、政治以及行政权力的一种运用，这种运用是为了在国家各个层面上处理相关的事务。

续表

国际组织	治理定义
经济合作与发展组织（OECD）	治理这一概念，主要是指通过运用政治权威，对社会中的资源进行控制，以实现经济和社会的发展。换句话说，治理就是利用政治权威来处理与经济、社会发展相关的资源控制问题。
渥太华治理研究中心（Institute of Governance, Ottawa）	治理涵盖了一系列的方面，包括社会制度、过程以及所有公民。这些因素共同决定了权力如何被运用，社会重要决策是如何形成的以及在这些决策过程中如何平衡各种不同的利益。治理的实质，就是通过这些制度和过程以及公民的参与，来协调和平衡社会中的各种利益，以达到社会的和谐稳定。
国际行政科学研究中心（International Institute of Administrative）	治理实质上是一种过程，在这个过程中，社会运用其权力和权威以及影响力，来制定和决定与大众生活、经济和社会发展相关的政策和决策。换句话说，治理就是社会如何运用其权力和权威，以及如何利用其影响力，来决定和制定那些影响大众生活、经济和社会发展的政策和决策。
东京科学研究中心（Tokyo Institute of Technology）	治理意指一组复杂的价值、规划、过程与制度的组合，而此组合是社会为了处理其发展与解决正式与非正式的冲突……

公共治理是指政府、私人部门、国际组织、社会组织等治理主体，在公共利益、市场原则和相互认同基础上，通过协商、谈判等民主、互动的方式共同实现公共利益最大化的新型社会公共事务管理模式。其具有以下几方面特征。

（1）治理主体的多元化。

公共治理的管理模式，打破了政府当作公共事务管理唯一主体的地位，形成了政府、私人部门、国际组织、社会组织间多元主体的分层治理，包括全球层面、国家层面、政府间、政府与社会组织、政府与私人部门等多个层次。在公共治理的管理模式中，政府不再是“全能政府”“有限政府”成为发展方向，不同治理主体在各自擅长的领域发挥着各自的作用。

（2）治理权力的多中心。

公共事务管理的多元主体要求，意味着政府当作单一权力中心的局面被打破。由国际组织、社会组织、私人部门等主体与政府组成一个合作网络，形成权力的多个中心，共同管理公共事务，从而提高公共事务的管理效率，实现公共利益的最大化。但是，公共治理也会失灵，多元化的治理主体和权力的多中心化容易带来责任相互推诿和转嫁问题。

（3）治理的精髓：参与和合作。

公共治理强调治理主体的多元化和治理权力的多中心，就必须保障在公共事务管理和公共政策决策、执行、监督和反馈过程中多元主体的广泛参与和合作，通过集思广益制定出科学的，照顾大多数群体利益的公共政策，通过群策群力，监督、执行好公共政策，将政策落到实处，从而实现公共利益的最大化。

2.1.2.2　公共治理的内涵

公共治理的研究起源于公共管理，尤其是新公共管理的研究。公共管理学科与20世纪50年代兴起的公共政策学派以及传统的公共行政学有着密切的理论联系。政治科学的发展为公共政策和传统的公共行政提供了理论支持。从20世纪70年代到90年代，理论整合使得许多学者开始从公共政策和企业管理角度研究新公共管理。C. C. Hood（1991）总结了管理主义的基本特征，包括公共政策领域的专业化管理、明确的标准和绩效测量、注重产出控制、撤分与重组部门、实行分权化管理、引入竞争机制降低成本提高服务水平、吸纳私营部门有效的管理方式方法和技术、强调资源的有效利用和开发等。

新治理典范的兴起旨在应对韦伯官僚制政府的失灵，提倡“企业化政府”。美国学者 B. Guy Peters（1996）认为，人类至今存在着四种治理模式，即科层制、市场制、网络和社区。新治理典范强调政府转变对社会的管理职能与方式，注重协商沟通。欧文·休斯（2001）界定了新公共管理的基本内涵，并从战略管理、内部管理和外部管理三个方面进行了理论整合。马骏和郭巍青（2001）通过对美国公共行政50年历史演变的考察，认为公共管理的出现实际上是在政策学派内复活了公共行政的研究。

公共治理被认为是实现公共服务效益、效率、公平的基本工具，超越公与私的二元结构。公共治理的本质在于其公共性，这种公共性是社会性的具体体现。公共治理的主体、价值观、手段、对象和目标都表现出公共性，这使得公共治理与私营部门的管理有了明显的区别。公共治理的转变，从权力中心到社会中心，从管理中心到服务中心，以及治理原则从对上负责到对下负责的转变，都是公共性对公共治理的基本要求。

我国学者任维德（2004）通过对公共治理主体、特征等方面的分析，将公共治理的内涵界定为：公共治理是一种以政府为主导，多种公私机构共存的社会公共事务管理模式。这种模式是建立在市场原则、公共利益和相互认同的基础上的，涵盖了国家与公民社会、政府与非政府组织、公共机构与私人机构之间的合作。在管理社会公共事务方面，政府应当将其部分职能转交给公民社会，并且需要具备多样化的管理手段和方法，以促进和实现公共利益。

公共治理的要旨在于它是国家与社会、政府与非政府组织、公共机构与私人机构的合作，即通过共同行使公共权利、管理社会公共事务，达到最大限度地增进和实现公共利益。开发区企业化经营模式下公共治理存在的现实问题，实际上就是未能在开发区这一特定领域内很好地处理政府、其他公共部门与企业之间的关系，未能协调好经济效益与社会效益、企业与社会之间的关系。

2.1.2.3 开发区治理模式

开发区治理模式的划分。通过学者对开发区的治理模式得分来看，其划分依据包括开发区域中政府介入深浅程度、核心治理主体不同、开发企业权责大小不同，核心治理主体性质不同以及治理结构行政偏向程度不同。

此外，不同的模式下在治理主体、治理主体性质、治理中的行政嵌入程度或者说治理介入程度、模式的运行机理与外部许可条件等方面具有一定的差异性。从治理效能维度来看，不同的治理模式都具有其可取之处，我国采用各种不同治理模式的开发区都取得了很好的治理绩效。具体的开发区治理模式的分类见表2－2：

表2－2　　不同学者对开发区治理模式分类

学者	开发区治理模式分类
宋宏	政区型、准政府的管委会型以及企业型
刘伟忠、谷源洋	行政型、企业型、混合型以及其他模式
雷霞、江渝	政府主导型、企业主导型与政企混合型
周元	政府直接管理型，政府委托管理型模式，政府开发管理型模式
吴金群	管委会体制与非管委会体制
孙洪健	体制合一型、体制过渡型和体制分离型

其实，上面的学者对开发区的治理模式的分类名称各异，但是内涵大同小异，基本上是从政府介入程度和企业介入程度的不同来划分，见表2－3。

表2－3　　政府和企业介入程度对开发区治理模式的分类

学者	政府介入程度高 企业介入程度低	政府介入程度 企业介入程度	政府介入程度低 企业介入程度高
宋宏	准政府的管委会型	政区型	企业型
刘伟忠、谷源洋	行政型	混合型	企业型
雷霞、江渝	政府主导型	政企混合型	企业主导型
周元	政府直接管理型	政府委托管理型模式	政府开发管理型模式
吴金群	管委会体制		非管委会体制
孙洪健	体制合一型	体制过渡型	体制分离型

黄建洪（2016）在上面的学者对开发区的治理模式的分类的基础上增加了两种治理模式，一共是5种治理模式：政府派出机构治理模式、开发

公司企业化治理模式、开发公司政企合一模式、委托代理模式以及多主体、多层级协作治理模式。

赵文彦（2017）开发区的治理模式分为民间非营利机构管理，政府管理和政府、大学、企业的联合机构管理等三种形式。

根据不同的分类方法，我们可以将我国开发区的治理模式视为一种简化的区域管治体制。在这种体制下，大部分开发区具有部分政权，可视为“准行政区”。这种模式的目的是让开发区更专注于与经济发展相关的事务，从而全面提高运行效率。目前，我国开发区的治理模式主要以政府行政管理为核心，实行有限公司化运营，运营模式主要还是与管委会和开发公司共存。

根据雷霞和江渝（2014）的分类方法，本书将开发区治理模式划分为政府主导型、政企混合型和企业主导型。政府主导型治理模式指在开发区设立管委会的同时，也组建相应的开发建设总公司。虽然这种开发总公司也是经济实体，但其管理行为仍然具有很高的行政性。管委会和总公司在人员设置上相互混合，管委会主任和公司总经理常常是同一个人，即所谓的“两块牌子，一套班子”。

在这种管理模式下，政府的管理具有双重性质，既具有行政职能又具有经济开发职能。政府不仅拥有审批、规划、协调等行政职权，同时还负责资金筹措、开发建设等具体经营事务。而开发区开发总公司的决策权相对较小，或从属于开发区管委会。这种模式容易产生机构膨胀、内部职责不清等问题，还可能导致总公司发展动力不足及过度依赖于管委会的行政职能等问题。这些问题可能造成总公司市场压力不大，自我发展能力不强，不能迅速适应市场经济的要求及建立现代企业制度。

政府主导型治理模式也存在很大的争议。支持政府主导的观点认为，政府和企业相互合并，简化了各主体之间的关系，减少了一些繁琐的协调工作。赞同“政企分开”的观点则认为“政企分开”可以切断企业对政府的依赖，增强企业提高经营效益的积极性，避免企业依赖政府，加重政府负担。具体如图 2－1 所示。

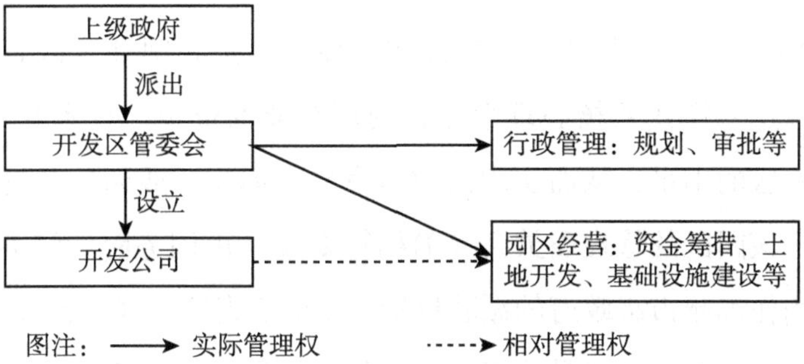

图 2－1　政府主导型治理模式

政企混合型模式是在政府主导型的基础上略有变革而形成的体制模式，它较好地克服了管委会权力过于集中的问题，削弱了政府权力的介入程度。在该模式下，开发区管委会仍然当作市级政府的派出机构，代表政府对开发区行使行政管理职权。与前一种模式不同的是，开发公司并非由管委会设立，而是当作独立的经济法人实行企业内部自我管理，负责开发区的基础设施建设、招商引资等各项经营管理事务。管委会不直接参与经营活动，但对开发区的各项经济活动负有监督与协调的职责，如图 2－2 所示。

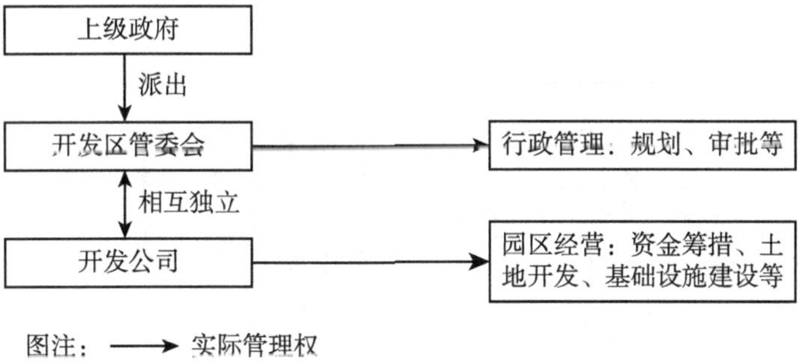

图 2－2　政企混合型治理模式

政企分离型这种管理模式体现了“小政府，大企业”的原则，又可分为管委会与总公司并存型、管委会与专业公司并存型和管委会与联合公司并存型三种。

“小政府、大企业”的政企分开体制模式，是我国开发区管理的一种重要方式。这一模式的核心理念是，利用企业的资金、技术和管理经验，来弥补开发区的不足，从而实现高效地发展。苏州工业园区是这一模式的典型代表。该园区的管理委员会（简称管委会）由国务院和江苏省政府共同设立，当作苏州市级政府的派驻机构，主要负责开发区的行政管理工作，并为园区内的企业提供各种服务。与此同时，园区内的开发公司则是一个独立的经济法人实体，由中新两国的财团合资成立，主要负责园区的基础设施建设和开发等工作。在这种模式下，管委会和开发公司的职责明确，各司其职。管委会主要负责行政管理，以确保园区的稳定运行；而开发公司则专注于园区的开发区建设，以推动园区的发展。这种政企分开的模式，使得行政管理和经营管理各自专业化，有利于提高园区的整体运营效率。

公司主导型治理模式，也被称为无管委会模式。这种模式的特点是完全采用经济组织的方式进行管理，政府干预较少。最早在我国的蛇口实施，园区内成立开发总公司，当作一个经济法人组织，负责园区的经济活动，并承担部分政府职能。而一般性的管理事务，则由当地政府的相关部门负责。如图 2－3 所示。

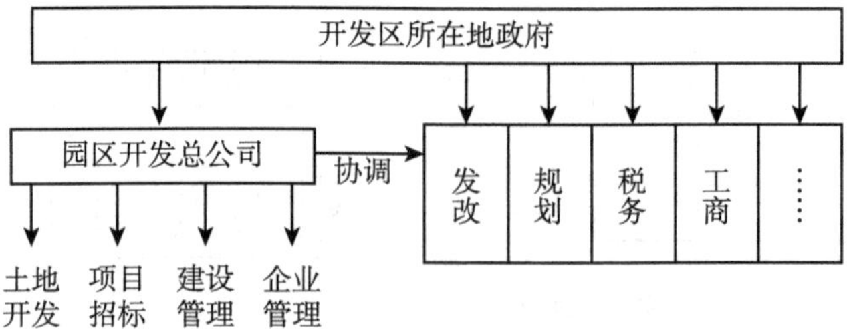

图 2－3　公司主导型治理模式

依据资金来源的不同，开发公司又可以分为三类（见表2-4）：

表2-4 不同治理模式的优缺点

模式描述		典型代表	主要优点	主要缺点
政府主导治理	开发区所在的地市级政府在本级政府内设置管委会，其成员由政府行业或主管部门的主要负责人组成，管委会只协调，不开发。	哈尔滨高新开发区	有利于城市政府的宏观调控、统一领导，确保开发区建设不脱离母城规划而片面发展。	条块管理模式中的管委会权限小，不利于创新；多重职能部门管理，推诿扯皮，管理工作效率低下。
政企混合治理	城市政府设立专门的派出机构即开发区管委会来全面管理，不设立人大和政协。管委会享有较大的经济管理权限和相应的政府职能。	苏州高新技术产业开发区	管委会的管理权限较大，效率高，易协调，有利于开发区的整体规划和创新发展。	容易脱离母城的整体发展规划；与母城争夺人才和其他资源，影响母城发展。
企业主导治理	国企型 以国有公司为主体进行经营管理和社区一般性事务管理。	招商局蛇口工业区	有利于政企分开，提高政府的宏观调控和市场监管能力；有利于运用经济杠杆进行开发区建设；有利于开发区整体建设速度和经济效益的提高。	开发公司不具备行政权力但要履行一定行政职能，影响管理效力的发挥；公司对开发区的行政性管理不利于市场机理的发育和完善；营利性经济实体的开发公司对社会公共事务容易疏于管理。
	外商型 以外商公司为开发公司，进行开发区的开发投资和管理。	上海漕河泾技术开发区		
	联合型 以国有企业为主，由中外企业参股组建联合公司对开发区进行经营管理。	浦东金桥出口加工区		

开发区作为区域经济发展的重要载体，其治理模式直接影响管理效率和发展质量。当前，我国开发区主要存在政府主导型、政企混合型和企业主导型三种治理模式，各具特点，但也面临不同的挑战。

政府主导治理模式以哈尔滨高新开发区为代表，由地市级政府设立管委会进行协调管理。其优势在于能够依托母城资源，确保开发区规划与城市整体发展相协调，避免盲目扩张。然而，由于管委会权限有限，且需协调多个政府部门，容易导致管理效率低下，创新活力不足，甚至出现推诿扯皮现象。

政企混合治理模式以苏州高新技术产业开发区为例，管委会作为政府派出机构，享有较大的经济管理权限，能够高效推进开发区的规划建设和产业招商。但由于其独立性较强，可能脱离母城的整体规划，甚至与母城争夺人才、土地等资源，影响区域协调发展。

企业主导治理模式可细分为国企型、外商型和联合型，典型案例包括招商局蛇口工业区、上海漕河泾技术开发区和浦东金桥出口加工区。该模式强调市场化运作，有利于提高开发效率和经济效益。然而，由于开发公司缺乏行政权力，在履行社会管理职能时可能力不从心，同时过度追求商业利益可能忽视公共服务的完善，影响长期可持续发展。

2.2　开发区治理绩效

2.2.1　治理绩效概念

治理绩效概念最初起源于私人部门，20 世纪初最早在美国被引入公共部门，当时的美国纽约市政府提倡在政府职能转变的框架下进行公共部门效率考评。自 20 世纪中期以来，政府各项管理行为逐渐以财务指标与成本缩减来衡量，世界各国政府的现代化过程也包含着各类政府绩效管理的设想和法案。随着新公共管理运动的兴起，政府与民众之间的矛盾得以协调，其改革使得绩效管理与评估、成本与效率观念、顾客至上与服务意识，在政府公共部门与管理中引入竞争与市场机理成为常态。伴随着全球政府改革实践的推进，绩效理论也得到了逐步的完善和发展，其内容、目的和形式逐渐演变得多元化，由最初关注财务和效率责任，慢慢转换为效益与结果责任，政府绩效管理评价体系也逐步涵盖效率、效益、投入、产出、结果以及信息应用等六个维度。在新公共治理阶段，多元主体基于制度和技术网络通过共同付出促使政府的绩效增长和责任的实现，并因此激发如何提升公共服务的思考。新公共管理理论下的绩效来源于西方国家，具有时代烙印，更多地是基于经济增长和总量，将投资规模、通胀率等传统指标当作评价和判断政府绩效的依据。而当代范式的治理，更为注重政府为公众提供公共基础设施、秩序维护等公共产品和服务，治理理论中的绩效继承了当作新公共管理理论中的绩效概念，并随着理论的演进和发展，绩效理论的内容也逐步得以发展并产生了新的知识体系，也就形成了以治理理论为基础的绩效评价理论。

如果从绩效管理的方面看待公共行政的发展史，对公共行政阶段的划分则表征了绩效内涵的演变。阐述了五类以公共行政演变阶段为主线的政府绩效管理范式，并从概念内涵、理论基础等维度对五种范式展开了比较。政府的绩效管理发展进程可以划分为前古典国家建构、传统公共行政、新公共管理、新公共治理以及以公共价值为基础的政府绩效治理五个阶段。开发区政府绩效管理随着一般政府的绩效管理的发展而发展，政府绩效管理的范式是解读开发区政府绩效管理体系的基础。

2.2.2　开发区治理绩效评价指标

开发区治理绩效的科学的评价，对于推动开发区的可持续健康发展，实现发展开发区在新的历史环境下的战略目标具有重要的现实意义。而在开发区政府管理的发展实践中，欧美等国十分注重政府或非政府组织在绩效评价中体现的效果。最早涉足该研究领域的是美国，研究成果最多并最具有代表意义，特别是对硅谷评价研究。硅谷是先进科技园区的代表，是世界高科技园区发展的方向。非营利性组织“硅谷网络联合投资”于1999年构建了包含创新经济、人力资源、生活场所、多样化社区、地区治理5个要素的硅谷评价指标管理体系，并根据该指标体系逐年发布硅谷指数。现今，硅谷指数已经成为影响硅谷的扶持企业成长、风投走向和新兴产业培育的核心指向标。

《硅谷2010：一个致力于共同发展的区域框架》报告对硅谷四大战略发展目标进行了界定：繁荣共享、高效增长的创新经济；融洽舒适、环境共生的宜居社区；人与机遇广泛相连、资源共享的包容社会；群策群力、责任共担的区域自治。依据总体发展的四大目标，报告阐述了“硅谷2010目标进展测评体系”，该体系包括宜居环境、创新经济、区域治理和包容性社会4个角度。1999年之后硅谷网联编制《硅谷指数》报告将该测评报告当作指标参考原型。2000～2005年的《硅谷指数》中，在“硅谷2010目标进展测度”指标以外，新增了另外一类指标，即“地区趋势指标”。这类指标“以年度为单位，在趋势上反映硅谷某些核心性的经济动向”，探索硅谷在产业集聚、就业、薪酬、公司流动、因特网连接、商业空间与租金等方面的发展态势。这类指标数量在5～11个，不区分等级层次，各年度的指标详细情况并不一致。上述两类指标在2006年由《硅谷指数》将其合二为一，建立了一致的硅谷指标体系。合并后的指标体系分为一至四级，一级指标包括创新经济、人才、生活地区、复杂社区、区域治理5个；二级指标包括就业、人才流动、教育、工资、健康、文化、民生等16个，二级指标下又细化为59个三级指标。“硅谷指数”2007～2010年的一级指标和2006指标体系一致，二级指标有所调整。

目前，国内对开发区治理绩效评价的研究成果还未见述及，现有文献多集中在开发区的经济效益评价或综合发展水平评价，另有部分学者研究了开发区企业绩效与技术绩效评价。李梦玲、赵希男（1995）从开发区的五大功能（集聚、孵化、辐射、开放和示范）出发建立了开发区的工作指标体系。陈益力、欧阳资力（1996）将开发区看作一个科技产业园区环境系统，通过对开发区的功能分析、国情分析和国际经验分析构建了一个涵盖经济、科技和环境三方面的指标体系。张向先等（1997）提出开发区的基本功能是集聚功能、孵化功能、扩散功能、渗透功能、示范功能和波及功能，并建立基于这些基本功能的开发区评价指标体系。齐艺莹等（1999）以1992～1996年开发区统计数据为依据，运用主成分分析法及序时多决策法对沿海与内陆开发区的经济效益进行了比较研究。刘希宋等（2003）从园区创新能力、园区创新环境、园区经济发展绩效、对地区经济增长的贡献以及国际化程度等方面评价了开发区的竞争力。范柏乃（2003）从技术创新投入、技术创新活动过程和技术创新产品三个方面对开发区的技术创新能力……。张霞、王雪林（2006）从人力资本力、人力资源环境吸引力、人力资源政策激励力、人力资源投资竞争力、人力资源绩效彰显力等方面构建了我国开发区竞争力评价指标。范柏乃和房定坚（2004）提出了一个国家级开发区投资软环境评价系统，该系统包含了法规政策、创业文化、社会信用、行政管理、人力资源和市场条件6个层面。刘军和姚佐文（2009）则从创新投入和创新产出两个方面建立了评价开发区创新绩效的指标体系，并对中部地区的9个国家级开发区进行了实证分析。姜彩楼和徐康宁（2009）则验证了开发区绩效受到区位条件和中央政策这两个因素的影响。

2.3　数字技术的内涵和数字技术赋能理论阐述

2.3.1　数字技术的内涵

“数字技术”一词是伴随着互联网和数字经济的发展，以数据为主要构成要素的，由技术运用所催生的产物，也是信息科学应经济社会之需创新的结果。狭义的工具论认为数字技术为推动经济社会发展提供了技术化方案，更大的意义在于数字技术凭借自身的技术优势与经济社会连接和融合，从而创造出具有价值的生产力，对社会关系进行变革，进而最终实现经济社会发展的目标。广义的数字技术是众多技术的集合，并且具有自我演化的能力，即从低级阶段走到高级阶段的跃升。中国互联网金融协会区块链研究工作组组长李立辉认为，所谓的数字技术是多种数字化技术的集成，包括区块链、大数据、云计算和人工智能等。

Bharadwaj（2013）认为数字技术是信息、计算、沟通和连接技术的组合；Paul Miller（2013）将数字化视为新经济的驱动力，是基于因特网的技术革命；邢小强等（2014）提出数字化是一种通用的技术，涵盖硬件、软件和网络技术，大数据、人工智能、物联网等属于新一代数字化；Bukht 和 Heeks（2015）指出数字化包含云计算、物联网平台、三维打印、大数据分析等技术，其经济产出构成数字经济；刘庆龄和曾立（2020）强调数字技术是一种新的资源要素，广泛渗透于人类生产生活；茹少峰等（2019）认为数字技术是对物联网数据进行识别挖掘、提取集成和统计分析的技术手段。从广义层面理解，数字技术是多种技术的集合且具有自我演化能力，数字技术应用的最大长处是能够大幅提高整体经济效率，通过构建一个更加直接高效的网络，打破过去企业和企业之间、个人和个人之间、人和物之间的平面连接，而平面连接或者构架的问题是节点多、效率低。中国互联网金融协会区块链研究工作组组长李立辉指出数字技术是区块链、大数据、云计算、人工智能等多种数字化技术的集成，是以大数据为基础的综合技术体系。由此可见，数字技术不简单地指涉某种数字技术化的工具，而是以大数据为基础，包括互联网、云计算、区块链、人工智能等综合作用的技术体系，这个体系的基本构成要素需要以海量数据为基础，以云计算和计算机的算法为载体，才能展现其技术化的属性。

2.3.2 数字技术赋能概念

在当今数字化浪潮席卷全球的背景下，“数字技术赋能”已成为多学科领域的高频词汇，尽管其释义和概念尚未达成统一界定，但众多学者围绕该主题展开了深入研究，为理解其内涵与外延提供了丰富视角。

从“赋能”概念溯源，其最早源于20世纪80年代西方心理学和组织行为学领域的授权赋能理论，不同学者和文献对其有着多样的阐释。赋能的核心要义在于，为组织与个体注入特定能量，以此强化他们达成自身追求目标的能力（Prestby et al.，1990）。在众多赋能手段中，技术占据着举足轻重的地位，毕竟从本质上讲，技术是人类用以改变或掌控客观环境的手段与方法（Barley，1986）。Rappaport. Julia（2015）认为赋能是通过学习、参与、合作过程使个人、组织与社群掌控自身事务，提升生活与功能品质；《牛津大辞典》中“赋能”有给予做某事的权威或方法、使设备或系统成功运作等释义。从管理学角度，赋能强调在管理组织内自上而下释放权力，以发挥个人潜能。对于数字技术赋能，《中国数字经济发展白皮书（2020年）》将数字技术视为数字经济的关键生产要素和驱动力量，其与实体经济的融合正重塑经济发展与治理模式。王丹（2020）认为数字技术赋能是运用先进技术手段，通过技术扩散、场景改造和建构平台等赋予个人和组织行动力；李晓昀等（2021）指出数字技术赋能是通过数字化工具的应用与融入，使人群或组织具备数字治理技能与行动能力；MAARIT（2020）则认为是借助大数据、移动互联和人工智能等数字化工具对特定人群赋能，使其获得生活与生存能力。在实践中，如2020年新冠疫情期间，我国运用大数据、互联网等数字技术进行疫情防控，健康码、线上办公教学等彰显了数字技术赋能社会治理的显著成效。

在当下数字化改革的大背景下，数字技术赋能高度概括并延伸了数字技术所展现出的变革性、颠覆性以及广泛影响力等特征。目前，这一概念已在政府治理、社会治理、社区治理、乡村治理以及应急管理等诸多领域广泛应用。尽管各项研究在背景和主题上有所不同，但总体而言，多数研究者认为，数字技术赋能是借助数字技术工具（体系）的应用，让政府和非政府主体获取相应的治理技能与行动能力，进而拥有更多机会与资源，以实现既定目标（薛澜、张慧勇，2017；李晓昀等，2021）。

总体而言，当前学界对数字技术赋能的概念虽未统一，但都认可其对社会的变革价值，以数字技术为导向的经济社会发展范式正在形成。现有研究为理解数字技术赋能提供了理论基础，但未来仍需进一步明确概念界定，深入探究其在不同领域的应用机制与效果，以及应对数字技术赋能带来的研究范式变迁等新挑战，以推动数字技术赋能理论与实践的发展。

2.4 数字技术赋能开发区治理

在数字化浪潮席卷全球的当下，大数据、人工智能、区块链等数字技术正以前所未有的态势推动着治理体系的数字化转型，深刻地改变着社会的组织形态、生存空间与行为模式，对国家治理的各个层面产生着深远影响（孟天广，2021）。2019 年，国务院政府工作报告中首次提出“智能 +”的概念，明确了推动数字技术与政府治理深度融合的方向。2022 年 6 月，国务院进一步出台《关于加强数字政府建设的指导意见》，从国家战略高度做出顶层设计，强调构建协同高效的政府数字化履职能力体系，这使得数字技术赋能协同治理成为实现政府治理体系和治理能力现代化的核心路径。在地方层面，各地政府积极响应，大力推动数字化手段在治理中的广泛应用，致力于促进跨层级、跨系统、跨业务的协同治理格局的形成。

对于开发区治理而言，实现政府、企业、社会等多元主体间的合理分工与有效协同，达成“共治”的目标，既是当前学界研究的热点议题，也是开发区治理实践中亟待解决的重点与难点问题。随着数字技术在开发区治理中的广泛应用，治理主体获取和处理数据信息的方式，以及彼此之间的协作模式都发生了根本性的变化。其中，数字技术赋能对开发区多元主体开展协同治理的影响成为核心问题，引发了国内外学术界的高度关注与深入研究。部分学者遵循技术治理逻辑，认为数字技术能够为政府部门和社会主体赋能，通过促进信息共享来推动多元主体间的协同合作（关婷等，2019；邓理、王中原，2020）。然而，也有学者指出，数字技术的集权特性与协同治理的分权特性之间可能存在冲突，这使得数字技术赋能对开发区多元主体协同治理的影响变得更为复杂（Goron and Bolsover，2020；Hammerschmid et al.，2024），难以简单地用线性或确定性的关系来加以解释，因此，亟须基于治理实践中的翔实调查或大样本的量化数据，对其影响及作用机制进行深入的实证检验与系统分析。

学界普遍认为，“赋能”是数字技术推动开发区产业组织变革和行业转型升级的关键所在（吴磊，2022）。王莎（2023）提出，“数字化赋能”是通过数字化的手段，对开发区的管理对象进行数字还原、建模与再还原，深入剖析其物理现实、空间结构和运行逻辑，全面模拟对象的全貌信息，从而分析其本质规律及未来发展趋势。数字技术作为承载“数字元素”的重要工具，为开发区内的企业、居民等主体提供了更多获取外界信息、技术、社会和经济资本的机会，为他们参与信息共享、渠道反馈以及政策制定等活动提供了更加公平开放的选择。“数据赋能”或“数字赋能”更侧重于数字技术和工具在开发区的实际运用，通过创新数据应用场景、优化数据资源配置和提升数据处理技能，来实现数据的价值（孙新波等，2020；周文辉等，2018）。而“数字技术赋能”则更加强调通过技术手段提升开发区内主体的能力，包括数据分析能力、信息运用能力以及人、物与信息之间的连接能力等。在开发区的制造业中，企业可以借助数字技术应用，对生产流程和创新过程进行优化，通过数字化技术改造传统技术、实现工业设备联网和智能化升级，从而提高生产效率；在服务业领域，企业可以通过智能化转型，更好地把握消费者需求，提供定制化、个性化的服务，促进服务业与其他行业的深度融合，拓展服务空间并提升服务质量。

相较于传统业态，数字技术赋能开发区的形式更加丰富多样。首先，数字技术打破了开发区内信息知识交换、传播以及商品交易的地域和空间限制，革新了传统的商品交换形式，降低了单位交易成本，显著提升了创新组织的分工、交易和服务效率（黄群慧等，2019；江小涓、靳景，2022）。其次，数字技术促使开发区产业部门获得了一系列新的能力，如基于数据分析的信息整合能力、与消费者互动的市场感知能力、数字化带来的生产经营调整和关系整合能力、数据实时处理和预测能力等，这些能力推动了企业传统生产和组织方式的变革，形成了实体经济与互联网经济融合的“跨界经营”模式（赵振，2015；McAfee et al.，2012）。最后，数字技术推动了开发区创新生态内部网络关系的变革，促进了科学研究对未知领域的深入探索，拓展了技术知识和产业内外部的合作边界，为解决全球性重大问题提供了协同工作的场景和平台支撑，有力地推动了分布式前沿研究的发展（江小涓、靳景，2022）。

在数字技术赋能开发区产业创新方面，企业通过运用大数据、人工智能、云计算等算法和相关软件技术进行研发创新，形成产业关键共性核心技术，并将其应用于产业科技创新的各个环节。通过组建数字创新共同体等联盟组织，将数字技术赋能覆盖开发区产业链群的全生命周期，构建起高能、高效、可循环的产业数字创新生态系统。从整体来看，数字技术对开发区产业创新的赋能过程可以分为渗透、融合、扩散、引领四个阶段。

当将数字技术赋能与开发区治理绩效相联系时，不难发现其紧密的内在关联。数字技术赋能在开发区治理中的应用及融入，彰显出强大的能动作用。在治理理念层面，促使开发区从传统管理思维向现代化、数字化、协同化治理理念转变，激发创新活力，鼓励多元主体参与，为提升治理绩效奠定思想基础。在治理工具方面，诸如大数据分析、智能监控系统等数字技术工具的运用，使得开发区能够更精准地把握发展态势、洞察问题，从而为科学决策提供有力支撑，显著提升决策效率与质量，直接推动治理绩效提升。从治理方式来看，实现线上线下融合，打破时空限制，简化办事流程，提高服务响应速度，优化资源配置，极大地提升了开发区治理的整体效能。而在治理制度层面，数字技术赋能推动开发区相关制度的改革与完善，保障数字治理有序推进，营造良好的治理环境，为实现更高的治理绩效提供坚实制度保障。可以说，数字技术赋能通过在多个层面的赋能效应，全方位、深层次地影响着开发区的治理绩效，成为推动开发区高质量发展、提升治理水平的关键驱动力。受新冠疫情的影响，开发区内的企业充分借助数字化和数智赋能，提升了运营效率，增强了社区协同效应，优化了资源分配，有效缓解了经营困境，为企业的复苏和发展提供了有力支持（王钦，2020）。

2.5　网络嵌入理论

"嵌入性理论"是新经济社会学研究的一个核心理论。自 Polanyi 于 1944 年首次提出后，"嵌入性"理论经历了几代研究学者的不断努力，逐渐形成了较完整的理论体系，同时在社会网络、组织发展等多个领域得到了普遍的应用，并进一步向社会资本、组织发展战略、战略联盟网络等新的新经济社会学理论方向发展。在与新古典经济学和社会网络等理论的交互作用下，嵌入性理论具有其必然的、独特的理论演进路线，经历了 Polanyi 时期、Granovetter 时期和新发展时期等三个阶段，逐渐形成了完整的理论体系。经过半个多世纪的发展，嵌入性理论的研究取得很大的成就。

2.5.1 嵌入性内涵

从嵌入性概念的起源与发展过程可以发现，最初 Polanyi 所提出的嵌入性是指经济体系的运作过程中所蕴含的社会体系的影响，侧重于经济体系与社会体系间的双边联系；Granovetter 则强调经济行为在社会关系网络中的嵌入性，侧重于组织经济行为与社会体系各方面的多边联系；目前，嵌入性理论则更多地强调了经济行为与社会体系间联系的复杂性。

2.5.1.1 Polanyi 的嵌入性理论

针对人类经济行为的不完全理性，Polanyi（1944）通过研究发现，经济行为总是与经济制度和非经济制度密不可分并嵌入其中，也就是说，经济行为当作一种过程，是嵌入在经济和非经济制度之中的。因此，Polanyi 提出了经济体系与社会体系的嵌入性关系问题，即经济行为总是嵌入于文化、习俗等的非经济行为中。Polanyi 进一步研究发现，经济体系与社会体系的嵌入性不是静态不变的，而是动态的，即嵌入性随着社会发展的历史进程而变化。Polanyi 研究发现，工业革命前后的两种嵌入性存在着巨大的差异。在前工业革命社会中，经济制度中的非经济关系使社会组织嵌入社会体系中。而在后工业革命社会中，社会与市场不但相互嵌入，而且社会的运行与前工业革命社会相反，社会关系被嵌入在经济体系之中，而不是经济行为被嵌入在社会关系之内。

从实质主义经济学的视角，Polanyi 提出了经济体系与社会体系的嵌入性概念，并用嵌入性概念来解释工业革命前后两个不同社会中的经济体系与社会体系的关系问题。从 Polanyi 的观点可以看出，其嵌入性概念侧重于分析人类经济活动与社会体系的双边联系。但是，Polanyi 所提出的嵌入性思想在当时并没有引起学者们的注意，直到 Granovetter 在 1985 年进一步发展了嵌入性的概念。

2.5.1.2　Granovetter 的嵌入性理论

多年后，Granovetter（1985）创造性地重塑了“嵌入性”概念。Granovetter 将嵌入性概念强调了社会对经济行动的影响，将社会关系纳入经济行为分析当中，从而把嵌入性研究推向了新的阶段，成为嵌入性理论研究的新里程碑。

Granovetter 认为经济行为是适度嵌入于社会结构之中的，提出了适度社会化的嵌入性思想。Granovetter 还发现，社会网络影响人类的经济行为。因此，Granovetter 将嵌入性概念定义为经济行为的持续情境化，Granovetter 对经济社会学的贡献主要体现在三个方面：首先，Granovetter 将 Polanyi 的双边宏观联系的嵌入性内涵推广到多边联系的嵌入性内涵，确立“嵌入性”理论基础；其次，侧重研究了社会网络对组织的自利行为的影响，确立了经济社会学分析的基本假设；最后，Granovetter 把网络分析当作研究经济社会学的主要方法，发展了新经济社会学的研究方法体系（Uzzi，1996）。

从 Granovetter 的嵌入性概念可以看出，嵌入性反映了人类经济行为与社会体系的多边联系。虽然 Granovetter 提出了社会网络分析方法，但其研究还只是侧重于经济行为与社会结构、社会规范、共同价值等社会元素之间的联系，嵌入性理论的研究还需要向网络化联系的方向发展，并且与组织绩效密切相关。

2.5.1.3　嵌入性概念的发展

在 Granovetter 嵌入性理论研究的基础上，众多管理学研究者在组织行为研究领域采用嵌入性理论以分析组织绩效。

Zukin 和 Dimaggio（1990）研究发现，企业在社会网络中的位置和其所维系的关系又决定了其能否把握住机遇。Barber（1995）也对嵌入性概念做了进一步分析。Barber 研究发现，嵌入性理论对嵌入性概念的重新构架将推动经济学和社会学领域研究的发展。嵌入性理论不仅在新经济社会学领域得到了巨大的发展，而且正逐步扩展到组织理论、区域经济等领域的研究。从嵌入性概念的发展来看，嵌入性概念反映了人类经济活动与多种因素的复杂的网络化联系，而且在不同层次上具有不同的表现形式。

网络嵌入性是指工业社会中的社会结构与经济活动交互作用，经济行为受网络中行为个体之间的相互关系以及整个网络属性的影响（Granovetter，1992；Gulati，1998），它可以涉及网络的经济与社会属性的各方各面，学者们从不同角度对其做出了分类。

对网络嵌入性最初始、最传统、最主流的分类，便是将其分为关系嵌入性与结构嵌入性。

2.5.2 嵌入性层次结构

基于组织嵌入性特征，Hagedoorn（2006）认为组织行为与其所处的国家和产业环境、社会网络有着密切的关系，两个组织之间的双边关系也相互影响。因此，Hagedorn 将嵌入性分为三个层次：环境嵌入性、组织间嵌入性和双边嵌入性。Hagedoorn 的三个层次的嵌入性表现为从宏观联系到中观联系再到微观联系的组织嵌入性。

2.5.2.1 环境嵌入性

一个国家或产业的发展环境对于组织的经济行为有着重要的影响。所谓环境嵌入性是指一个国家或产业的特性对组织经济行为的影响（Hagedoorn，2006），包括国家环境嵌入性和产业环境嵌入性。

国家层面的环境嵌入性是指国家环境对组织间合作关系形成的影响。产业层面的环境嵌入性是指组织所处产业的特点对组织间合作关系形成的影响，具体表现在不同类型产业的企业具有不同的合作倾向。例如，面对激烈的全球竞争，高科技企业更多选择建立联盟关系，而传统制造产业的企业则更多地在原材料采购和产品销售上选择建立合作关系。

2.5.2.2　组织间嵌入性

在经济活动中，组织要不断地与周围环境中的其他组织发生各种各样的联系。组织间嵌入性是指组织所处的社会网络对其经济行为的影响（Hagedoorn，2006）。在横向上，组织间嵌入性反映了组织合作关系的经验影响；在纵向上，组织间嵌入性反映了组织过去参与多重网络的历史经验的影响。根据知识理论的观点，组织过去的合作经验对组织而言是一项正面的学习情境，有助于合作研发创新的学习效果。Teece（1997）研究发现，企业合作经验会影响其获取新知识的程度。因此，企业的历史合作经验可以增强组织合作的可能性和成功性。另外，实证研究表明，企业的合作经验能够促进其现有合作关系的存续。

2.5.2.3　双边嵌入性

从微观上，组织之间的双边关系将会对双方的经济行为产生影响。所谓双边嵌入性是指两个组织间的合作关系对组织行为所产生的影响（Hagedoorn，2006）。在合作关系中，相互信任是其中一方对对方诚实的认可，它包含了认知和行为的成分，是以双边预期性和互惠性为特征的。因此，在双边嵌入性中，相互承诺是双方建立合作关系的关键要素。

在企业的双边关系中，由于信息不对称造成企业选择新合作伙伴的成本较高，因此，企业更倾向于选择已有的合作伙伴进行合作。当关系信任和承诺嵌入企业间的联系时，它就与企业合作关系的稳定性呈正相关关系。

对于嵌入性的层次结构，从宏观的国家环境、产业特性，到中观的企业关系网络，再到微观的企业双边关系，这些嵌入性都会直接影响组织对外部合作对象的选择，影响组织新合作关系的形成。在进行合作关系选择与建立时，组织都会受到不同层次的外部环境和组织惯例的不同程度影响，所以这三个层次往往是一起发挥作用的，必须全面考虑三个层次的综合作用（Hagedoorn，2006），如图 2 – 4 所示。

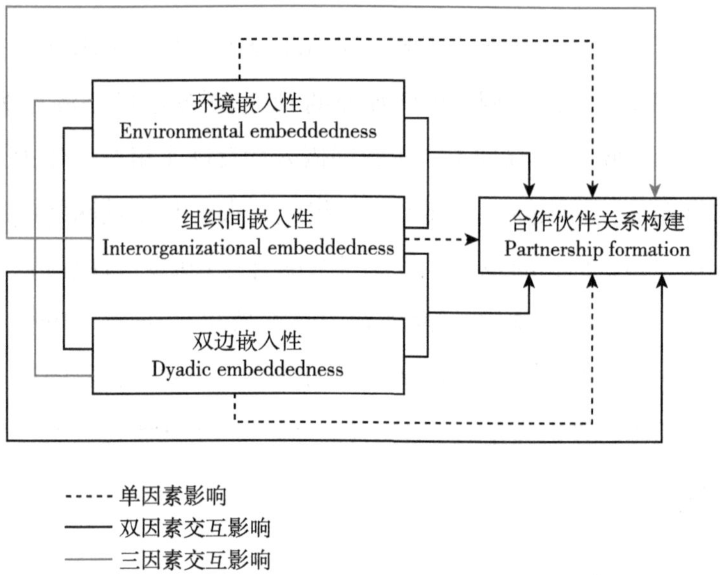

图 2 – 4　嵌入性的层次结构

2.5.3　结构与关系嵌入性

从网络联系的视角来看，组织嵌入性将组织看作是一个开放的系统，在经济活动中，不断与社会体系发生错综复杂的联系，最终形成了网络化的嵌入格局。一方面，通过与社会网络中相关组织的持续交往，组织可以获得比网络外组织更多的信息和资源优势；另一方面，组织嵌入社会网络也可以获得信息和资源优势（Granovetter，2005）。因此，网络联系视角的组织嵌入性可以分为结构嵌入性和关系嵌入性（Gulati，1998）。

2.5.3.1　结构嵌入性

研究发现，组织所处的网络位置或者网络结构可以给组织带来一定的比较优势。所谓结构嵌入性是指组织所嵌入的社会网络给组织带来的超额价值（包括信息和资源优势）（Gulati，1998）。

经济学中的社会网络分析是结构嵌入性的理论基础。嵌入性不但分析组织在社会网络中的结构位置，如结构洞、连通度等，而且重点关注社会网络的总体性结构，比如网络密度、网络封闭性等。结构嵌入性强调社会网络的整体功能和结构，还关注企业在社会网络中的结构位置。目前，网络的密度、企业在网络中的位置等对组织经济行为和绩效的影响等几个方面是结构嵌入性的研究重点。

Granovetter研究发现，结构嵌入性对所嵌入的组织有着更为微妙和间接的影响（Granovetter，1992）。这些影响主要表现在结构嵌入性不但给组织提供了发展机遇，而且还给组织带来了一定程度的约束。结构嵌入性理论研究中最具影响力的成果当属“结构洞（Structural Hole）”理论。“结构洞”理论认为，处于结构洞位置的组织能获得对两个未联结组织的控制利益。“结构洞”的“桥梁作用”越来越受到更多研究学者们的关注。

虽然结构嵌入性的研究取得了丰富的成果，并得到了许多学者的认可（Burt，1995），但是结构嵌入性理论仅仅从网络结构的角度来解释经济行为，忽略了网络关系嵌入的问题，忽略了网络关系内容与网络结构的交互作用问题（Podolny and Baron，1997）。

2.5.3.2　关系嵌入性

在社会网络中，不但网络结构可以给组织带来优势，而且网络关系也可以给组织带来价值。所谓关系嵌入性是指网络关系给组织带来的一种获取信息和资源的作用机理（Gulati，1998）。关系嵌入性的研究表明，网络关系对经济行为和绩效的影响程度可以用网络关系的内容、方向、延续性和强度等指标来测度，也即关系嵌入性研究的主要内容（Granovetter，1992）。关系嵌入性已成为组织重要的战略性资源，是组织获取外部信息和资源的重要机理，对组织的创新和绩效有着重要的影响。Andersson 等（2002）认为，企业之间不同的关系嵌入性是造成企业绩效差异的重要原因。按照组织间的关系强度，可以将关系分为强关系、弱关系和强弱混合型关系三种类型。Granovetter（2005）提出，可以用关系持续时间、亲密程度、互动频率以及相互服务内容等四个指标来衡量关系的强弱。对于关系强弱如何影响组织绩效的问题，McEvily 和 Zaheer（1999）认为，企业间保持弱联结关系将更有助于创新资源和企业竞争能力的获取。而 Gilsing 和 Duysters（2008）认为强弱关系与企业绩效之间的具体作用机理与网络类型有关，受到网络结构的调节作用。

2.5.4 政治、文化和认知嵌入性

从嵌入性所关联的实体来看，组织在网络联系上的结构嵌入性和关系嵌入性，表现为多个组织实体间的相互影响与制约；同样，组织所处的政治制度、社会文化以及长期所形成的群体认知也会影响其经济行为，表现为政治嵌入性、文化嵌入性和认知嵌入性。在一定意义上，可以认为是组织实体与政治、文化和认知等"虚"体之间的虚联系。

2.5.4.1 政治嵌入性

政治环境对组织经济行为有着重要的影响。政治嵌入性是指组织的经济行为受到当地政治环境、政治体制和权力结构的影响。（Zukin and Dimaggio，

1990）认为政治嵌入性主要关注政治因素对组织经济行为的作用机理，以及影响和激励组织经济行为的某些制度特征（障碍或缺失）。Grabher（1993）发现，地方政府及其他相关组织构成了“政治行政系统”，不但有正外部性，而且有“负外部性”。类似于Zukin提出的政治嵌入性，Abolafia（2001）提出了制度嵌入性（Insititutional embedding），指的是组织与制度环境的关系。制度嵌入有利于组织对外部资源的获取，组织又受到所嵌入的制度环境的影响与制约。从这个角度来看，制度嵌入性一定程度上可以解释组织之间的相似性（Johannisson，2002）。根据经济合作与发展组织（OECD）在2001年的研究报告，政府对组织的引导或限制作用在经营活动和经济行为中表现得非常明显。例如，对德国Ruhr地区的钢铁业集群进行的研究表明，地方政府及其他相关组织构成了一个强大的政治行政系统，对该集群的发展起到了积极和消极的影响。类似地，制度嵌入性是指组织与制度环境之间的关系。制度嵌入性有助于组织获取外部资源，但同时也受到所嵌入的制度环境的影响和制约。因此，制度嵌入性在一定程度上可以解释组织之间的相似性。总之，政治环境和制度环境对组织的经济行为有着重要的影响。

2.5.4.2　文化嵌入性

组织在其所处的社会文化环境中，其经济行为也受到一定程度的塑造。所谓的文化嵌入性，它涉及的是社会文化因素如传统价值观、宗教信仰、共享信念以及传统惯例等对组织经济行为所产生的一种制约和影响。这种文化嵌入性的研究核心在于探究共有信念、价值观以及传统惯例等如何促进组织经济目标的实现（Zukin and Dimaggio，1990）。一般而言，社会文化可以被划分为两个主要类别：结构性文化和规则性文化。

结构性文化主要涉及的是社会的阶层结构、权力分布以及社会网络等，这些因素共同构成了组织经济行为的社会背景。而规则性文化则包括了法律、规章制度以及行为规范等，这些规则对组织经济行为产生直接影响。

因此，组织经济行为的形成和实现，不仅受到经济因素的影响，还受到社会文化环境，尤其是文化嵌入性的深刻影响。理解这一点，有助于我们更深入地理解和预测组织的经济行为。文化嵌入性认为组织经济行为受到社会文化环境的影响。因此，在理解和分析组织经济行为的过程中，文化嵌入性意味着必须充分考虑社会文化差异所造成的影响。众多学者展开了文化嵌入性的研究。Hagedoorn（2006）通过研究发现，处于不同社会文化环境中的组织，在进行业务合作选择时，各自倾向也不同。尤其是不同国家的组织，其业务合作选择倾向具有显著差异。

2.5.4.3 认知嵌入性

在长期的经济活动中，组织会像个人一样，形成一定的“群体思维”和“群体认知”。这些群体认知和群体思维对组织的战略选择、执行以及日常运营管理产生显著影响。我们称这种现象为认知嵌入性，即组织长期形成的群体认知对组织经济行为的引导或限制。

认知嵌入性主要关注群体认知、群体思维、社会认知等如何影响组织经济行为（Zukin and Dimaggio，1990）。这些认知和思维模式是在组织内部长期形成和发展的，它们对组织的决策和行为产生深远影响。根据 Zukin（1990）的研究发现，在经济活动过程中，组织所形成的结构化、规律性的群体认知对经济理性的实现存在一定程度的限制。这种现象被称为认知嵌入性，它强调了社会认知、群体认知和群体思维对组织行为的作用（Dacin、Ventresca and Beal，1999）。认知嵌入性从理论上解释了在信息不对称的情况下，组织长期形成的群体思维和群体认知对其战略、运营、决策和管理产生的影响。

换言之，组织在经济活动中的认知模式和行为方式并非完全基于个体理性，而是在一定程度上受到群体认知和群体思维的影响。这种影响不仅体现在组织的战略选择和执行上，也体现在组织的日常运营管理中。因此，理解认知嵌入性对于我们理解和预测组织经济行为具有重要意义。

2.5.5　网络嵌入性对企业的影响机理

在全球化制造范式下，有效整合利用外部资源是企业获取竞争优势的重要途径。网络嵌入性不仅影响了企业现有资源、信息的分布与利用，还在很大程度上决定了企业未来可控资源与获利能力，进而关系未来市场竞争格局的变化和企业生存能力的大小。学者们从不同切入点研究了网络嵌入性对企业的影响。下面本书将从竞争优势与企业绩效、信息获取与知识转移以及技术创新三个方面对现有代表性研究进行总结归纳。

2.5.5.1　竞争优势与企业绩效

企业所嵌入的外部网络对其行动和绩效产生了重要影响。众多研究已经证实，企业的绩效受到其在网络中获取资源能力的显著影响（Egelhoff，1988；Cohen and Leventhal，1990）。当企业嵌入在网络中，它能够获取各种资源和能力，这些资源和能力对企业竞争优势和绩效产生了重要影响（Mowery and Oxley，1996；Rowley，Behrens and Krackhardt，2000；刘雪锋，2007）。

根据 Dyer 和 Singh（1998）的观点，企业可以通过在网络中嵌入，建立关系性资产，实现知识共享和交流，能力互补，并通过优化网络结构降低交易成本，从而获得竞争优势。换而言之，企业通过网络嵌入不仅能够获取资源，还可以通过优化网络结构提升运营效率，降低成本，进一步增强竞争优势。因此，深入理解企业网络嵌入性对企业运营和绩效的影响对于我们更好地理解和预测企业行为具有重要意义。

2.5.5.2　随着对关系嵌入与绩效之间关系研究的深入，越来越多的学者开始采取一种“随条件变化”的观点（Ahuja，2000a；Rowley et al.，2000；Gilsing and Nooteboom，2005），也可以称之为社会网络研究领域的“权变理论”。这些学者将关系嵌入性的作用与企业所处的环境相结合，认为在不同的外部环境下，关系嵌入对企业的影响是不同的

Rowley、Behrens 和 Karckhardt（2000）的研究表明，公司所处的环境要素、组织内部要素以及不同的创新类型都会影响关系对企业绩效的作用方向。具体来说，强联结有利于渐进式技术创新，而不适于突破性技术创新；弱联结有利于突破性技术创新，而不适于渐进式技术创新。Koberg 等（2003）也认为，相同的关系嵌入要素在促进一类创新的同时可能会阻碍另一类创新。

近年来，一些国内学者的研究支持了这一观点。潘松挺（2009）构建了网络关系强度—组织学习—技术创新的理论框架，并通过实证调查研究提出，弱关系有利于突破性技术创新但不利于渐进性创新，强关系有利于渐进性技术创新但不利于突破性技术创新。刘兰剑（2010）构建了网络嵌入性—跨组织学习—两类技术创新的模型框架，并通过实证调查研究提出，关系性嵌入与开发性学习正向关联，而开发性学习对渐进性技术创新具有显著的促进作用，但对于突破性创新的影响则不显著。

因此，关系嵌入对创新绩效的作用方向不仅取决于关系嵌入的类型和技术创新类型，还深刻地受到情景因素的调节作用。可以说，忽视情景因素的调节作用是导致“关系嵌入性悖论”的根本原因之一。

许多研究表明，网络嵌入的关系嵌入和结构嵌入维度对企业绩效具有显著影响（Uzzi，1997；Echols and Tsai，2005；Chiu，2009；Li et al.，2009；Tan et al.，2015；Bresciani and Ferraris，2016；Dong et al.，2019；

Mozumdar et al.，2019；张宝建等，2021）。Chiu（2009）利用台湾南部科技园光电子产业集群的样本企业数据实证检验了网络位置对企业的影响，发现具有较高中心网络位置的集群企业的创新绩效显著优于网络中心性较低的集群企业。因此，为了在集群中取得成功，企业需要注重提高网络竞争力，争取更中心的网络位置。同样，Lin 等（2009）利用台湾研发联盟中的 110 家企业为样本，验证了网络嵌入对技术转移绩效具有显著正向影响。

然而，部分研究认为网络嵌入在发挥积极影响的同时，可能也会带来消极作用（杨博旭等，2019）。Uzzi（1997）在对 23 家位于纽约的服装公司进行实地调研后，提出了著名的“嵌入性悖论”，即网络嵌入有利于知识（尤其是复杂的隐性知识）的传递和转移，但是过度嵌入又可能会使行动者的视野受到限制，从而导致绩效下降。同样，Tan 等（2015）考察了集体社会资本的制约作用，通过仿真得到的数据表明，在低密度网络中，程度中心性和结构洞在提高创新绩效方面是互补的，在高密度网络中，程度中心性的正向影响减弱，结构洞的存在是有害的。

此外，Mozumdar 等（2019）通过对孟加拉国 292 名从事手工业的女创业者的调查数据进行分析，发现小型网络与企业绩效呈正相关，而中型和大型网络与企业绩效呈负相关。这些研究结果揭示了网络嵌入对企业绩效的复杂影响，以及不同网络结构和情境下网络嵌入的作用差异。另外，学者们对网络输入性进行研究的学术成果可见表 2－5。

表 2－5　　　　网络输入性所研究的主要问题

研究主题	经验主义的问题	网络输入性视角
（1）网络形成	企业在网络中选择哪些合作伙伴？哪些企业构建了网络？	网络嵌入性既限制了企业寻找合作伙伴，又为其寻找合作伙伴创造了机会（如：Kogut，Shan and Walker，1992；Gulat，1995；Gulati and Westphal，1997；Kanter，2000）

续表

研究主题	经验主义的问题	网络输入性视角
（2）网络治理	网络嵌入性能减少事前的组织和协调费用	网络嵌入性能减少事前的组织和协调费用，从而能影响治理结构的选择（如：Larson，1992；Zajac and Olsen，1993；Gulati，1995；Gulati and Singh，1998）；选择适当嵌入进行有效治理（如：Rowley，Behrens and Krachardt，2000；Sobrero and Roberts，2001）
（3）网络演化	哪些事前因素和演化过程影响了网络的发展？	网络中跨越组织边界的社会、行为与竞争的动态性（如：Nohria and Garcia-Pont，1991；Gomes-Casseres，1994）；社会网络的出现与发展（如：Gulati and Gargiulo，1999；Khanna and Palepu，2000）
（4）网络绩效	如何测度网络绩效？ 哪些因素影响了网络绩效？	网络中企业能力的影响（如：Doz，1996；Dyer and Singh，1997；Andersson et al.，2002）；网络中合作伙伴关系的影响（如：Levinthal and Fichman，1988；Kougut，1989；Zaheer，McEvily and Perrone，1998；Gulati and Lawrence，1997）
（5）网络带来的优势	企业能否从网络中获取社会及经济利益？	网络中的合作关系及相对位置对企业绩效的影响（如：Dyer，1996；Gulati，Shortell and Westphal，1997；Uzzi，1997；Zaheer and Bell，2005）。网络嵌入性对知识转移的影响（如：Reagans and McEvily，2003；Dhanaraj，Lyles and Steensma et al.，2004）网络对技术创新的影响（如：Laursen and Salter，2006）

2.6 结论与进一步研究展望

嵌入性理论受到学者们越来越多的关注，推动经济社会学领域向经济地理学、企业管理、创新理论等领域发展，逐步形成了较完整的理论体系。从普遍联系的视角来分析嵌入性理论，我们得到如下的结论以及进一步研究的展望。

（1）嵌入性的本质在于组织的经济行为与社会体系间的相互引导、促进与限制的错综复杂的关系。

（2）嵌入性的内涵经历了多年的发展，逐渐从一般性的双边联系、多边联系，发展到网络化的复杂联系。未来进一步的研究可以从两个方面入手：一方面向系统整体方向发展，对复杂联系进行统计分析；另一方面从更微观局部着手，对复杂的联系进行细分和测量。

（3）嵌入性的层次结构涵盖了宏观、中观和微观三个层次，分别从环境嵌入性、组织间嵌入性和双边嵌入性研究组织经济行为与社会体系的关系。未来进一步研究可以更多地侧重于中观层面的网络视角，因为它不但是衔接宏观与微观层面的纽带，而且便于定量化的研究分析。

（4）网络联系视角的结构嵌入性与关系嵌入性是嵌入性理论的重要组成部分，已经引起了众多学者的关注。未来进一步研究可以从以下几个方面入手：一是构建更具体清晰的网络架构，定量分析结构与关系嵌入性；二是引入复杂网络（Complex Network）理论进行更多结构与关系嵌入性的特征分析，如小世界、无标度、中性等；三是从理论与实证等多个角度，恰当解释结构嵌入性和关系嵌入性的悖论问题。

（5）政治、文化和认知嵌入性具有非实体的表现形式，从虚联系方面引导、促进和制约组织的经济行为，反映了组织的外部环境以及组织自身学习对其理性经济行为的嵌入性作用。未来进一步研究可以从实证的角度，定量或者定性地分析政治、文化和认知的嵌入性作用。理清嵌入性理论的本质及其发展演变历程，虽然可以在一定程度上明确嵌入性理论的初步架构，但是也对未来进一步研究提出了新的挑战。随着理论与实证研究的深入，嵌入性理论必将取得更大的发展。

第 3 章

中国开发区历史演进与发展脉络回溯

3.1 中国开发区设立的时代背景

经济技术开发区的设立，是我国对外开放总体格局中的重要举措，与经济特区、沿海开放城市共同构成了我国对外开放的三个不同层次。

20 世纪 70 年代末，中国开启了以经济建设为中心的新征程，并推行改革开放的战略方针。1978 年，广东省借鉴国外兴办自由贸易区、出口加工区的成功经验，鉴于广东毗邻港澳、华侨众多的独特优势，提议在沿海城市划出特定区域，设立类似国外自由贸易区或出口加工区的特殊区域，实施有别于其他地区的特殊政策，以推动经济发展。这一建议得到了中央的认可，计划先在深圳、珠海两地试办“出口特区”，积累经验后，再考虑在汕头、厦门设置。1980 年，中共中央在广州召开广东、福建两省会议，正式将“出口特区”定名为“经济特区”，并批准在广东省的深圳市、珠海市、汕头市和福建省的厦门市设立经济特区。

1984 年初，邓小平视察经济特区，充分肯定了建立经济特区的政策及特区建设的成果，指出“特区是个窗口，是技术的窗口，管理的窗口，知识的窗口，也是对外政策的窗口”，并提出“除现在的特区之外，可以考虑再开放几个港口城市，如大连、青岛。这些地方不叫特区，但可以实行特区的某些政策”。同年春，国务院召开进一步对外开放14个沿海城市的座谈会，在总结经济特区成功经验的基础上，作出创办经济技术开发区的重大决策。此后，沿海经济技术开发区陆续建立。截至目前，全国共有54个国家级经济技术开发区（含5个享受国家级经济技术开发区政策的园区），这些开发区的设立可分为以下三个阶段。

20世纪80年代第一批（14个）：20世纪80年代，共有14个国家级经济技术开发区获批建立。1984年9~12月，大连、秦皇岛、烟台、青岛、宁波、广州、湛江、天津、连云港、南通10个经济技术开发区相继获批；1985年1月，福州经济技术开发区获批；1986年8月，上海闵行、虹桥2个经济技术开发区获批；1988年6月，上海漕河泾经济技术开发区获批。这一批经济技术开发区的设立，呈现出明显的地方被动型与中央强力管制型特征（鲍克，2002），通常批准设立时间远远早于起步开发时间。

20世纪90年代第二批（18个）：进入20世纪90年代，随着市场经济体制目标的确立以及对外开放步伐的加快，沿海地区外向型经济战略迅速推进，更多国家级开发区获批。1992年3~10月，温州、营口、威海、福清融侨4个经济技术开发区获批；1993年4~5月，福建东山、哈尔滨、长春、沈阳、杭州、芜湖、武汉、重庆、萧山、昆山、惠州大亚湾、广州、南沙12个经济技术开发区获批；1994年8月，北京、乌鲁木齐2个经济技术开发区获批。在这18个国家级经济技术开发区中，多数贯彻“以发展现代工业、吸收利用外资、拓展外贸出口为主”的方针，少数有着特定目标，如山东经济技术开发区旨在建立现代创汇农业，福清融侨经济技术开发区意在振兴侨乡经济，惠州大亚湾经济技术开发区和广州南沙经济技术开发区则是为了促进地区综合开发。这批开发区的设立，使经济技术开发区的地域分布从沿海向内地延伸，主要选址于内地中心城市。基于首批开发区的实践经验，开发区的规模更加合理，批准的规划面积在$10km^2$左右，起步区面积约为$3km^2$。而且，这批开发区普遍起步早于批准时间（鲍克，

2002)，像温州、昆山、营口、沈阳等经济技术开发区平均起步时间比获批为国家级开发区的时间早4年，其他开发区也早1~2年，充分体现了地方政府的积极主动性。

2000~2008年第三批（17个）：世纪之交，随着西部大开发战略的启动，中国国家级经济技术开发区开始从沿海、沿江城市向内陆中心城市拓展。1999年，国务院决定“允许中西部各省、自治区、直辖市在其省会或首府城市选择一个符合条件并已建成的省级开发区申办国家级经济技术开发区”。2000年2~7月，合肥、西安、郑州、成都、长沙、昆明、贵阳、南昌、石河子、呼和浩特、西宁11个开发区获批为国家级经济技术开发区；2001年5~9月，南宁、太原、银川和拉萨4个国家级经济技术开发区获国务院批准建立；2002年3月，兰州和南京2个开发区升格为国家级经济技术开发区。至此，全国国家级经济技术开发区达到49个。第三批开发区的起步时间普遍较早，比正式升格为国家级开发区的时间平均早6~7年。

此外，在1989~1994年，还批准了5个实行经济技术开发区政策的园区，分别是苏州工业园、上海金桥出口加工区、海南洋浦经济开发区、厦门海沧台商投资区和宁波大榭经济技术开发区。

以上时间分期，具体可见表3－1。

表3－1　国家经济技术开发区设立历程

	批次	名称	批准时间	国务院批准规划面积（km^2）	区位
严格意义上的经济技术开发区（49个）	第一批（14个）	大连经济技术开发区	1984.09	20	东部地区
		秦皇岛经济技术开发区	1984.10	6.9	
		烟台经济技术开发区	1984.10	10	
		青岛经济技术开发区	1984.10	12.5	
		宁波经济技术开发区	1984.10	29.6	
		湛江经济技术开发区	1984.11	9.2	

续表

	批次	名称	批准时间	国务院批准规划面积（km^2）	区位
严格意义上的经济技术开发区（49 个）	第一批（14 个）	天津经济技术开发区	1984. 12	33	东部地区
		连云港经济技术开发区	1984. 12	3	
		南通经济技术开发区	1984. 12	24. 29	
		广州经济技术开发区	1984. 12	38. 58	
		福州经济技术开发区	1985. 01	10	
		闵行经济技术开发区	1986. 08	3. 08	
		虹桥经济技术开发区	1986. 08	0. 65	
		漕河泾经济技术开发区	1988. 06	13. 3	
	第二批（18 个）	温州经济技术开发区	1992. 03	5. 11	东部地区
		昆山经济技术开发区	1992. 08	10	
		营口经济技术开发区	1992. 10	5. 6	
		威海经济技术开发区	1992. 10	5. 72	
		福清融侨经济技术开发区	1992. 10	10	
		福建东山经济技术开发区	1993. 04	10	
		沈阳经济技术开发区	1993. 04	10	
		杭州经济技术开发区	1993. 04	10	
		萧山经济技术开发区	1993. 05	9. 2	
		广州南沙经济技术开发区	1993. 05	27. 6	
		惠州大亚湾经济技术开发区	1993. 05	9. 98	
		北京经济技术开发区	1994. 08	39. 79	
		武汉经济技术开发区	1993. 04	10	中部地区
		芜湖经济技术开发区	1993. 04	10	
		长春经济技术开发区	1993. 04	10	
		哈尔滨经济技术开发区	1993. 04	10	
		重庆经济技术开发区	1993. 04	9. 6	西部地区
		乌鲁木齐经济技术开发区	1994. 08	4. 3	

续表

	批次	名称	批准时间	国务院批准规划面积（km^2）	区位
严格意义上的经济技术开发区（49 个）	第三批（17 个）	南京经济技术开发区	2002. 03	11. 37	东部地区
		合肥经济技术开发区	2000. 02	9. 85	中部地区
		郑州经济技术开发区	2000. 02	12. 49	
		长沙经济技术开发区	2000. 02	12	
		南昌经济技术开发区	2000. 04	9. 8	
		太原经济技术开发区	2001. 06	9. 8	
		成都经济技术开发区	2000. 02	9. 94	西部地区
		西安经济技术开发区	2000. 02	9. 88	
		昆明经济技术开发区	2000. 02	9. 8	
		贵阳经济技术开发区	2000. 02	9. 55	
		石河子经济技术开发区	2000. 04	11. 2	
		西宁经济技术开发区	2000. 07	4. 4	
		呼和浩特经济技术开发区	2000. 07	9. 6	
		南宁经济技术开发区	2001. 05	10. 79	
		银川经济技术开发区	2001. 07	7. 5	
		拉萨经济技术开发区	2001. 09	5. 46	
		兰州经济技术开发区	2002. 03	9. 53	

3.2 中国开发区的发展历程

我国开发区的建立、发展与我国的改革开放密切相关。伴随着新时代改革开放的全面推进在对经济特区试点认识逐步深化的基础上，中央与地方政府开启了由沿海到内地，由“点”到“线”再到“面”的开发区的全面建设先后批准创建了许多不同类型、不同层次、不同模式的开发区。它们在习近平新时代中国特色思想社会主义现代化建设中发挥了无与伦比的牵引作用。纵观开发区建设的历史进程，我国开发区的发展进程可大致分为特区模仿、全面建设、清理整顿、平稳发展、转型发展五个阶段。

3.2.1 第一阶段：特区模仿阶段（1984~1987 年）

1983 年年底和 1984 年年初，邓小平同志对深圳、珠海、厦门经济特区进行了考察，充分肯定了特区的成功经验，并提出了进一步开放的建议。他指出："深圳的发展和经验证明我们建立经济特区的政策是正确的。除了现在的特区之外，可以考虑再开放几个点增加几个港口城市，这些地方不叫特区，但可以实行特区的某些政策。"邓小平的谈话开创了中国开发区发展的一个新阶段。基于此决定，厦门特区扩大到全岛以外，并对沿海各港口城市，如天津、上海、大连、秦皇岛、烟台、青岛、连云港、南通、宁波、温州、福州、广州、湛江和北海等市进行了进一步的开放。

在特区模仿阶段，各地开发区的主要工作包括建立工作机构、选择开发区地址、拟定相关法规以及进行基础设施建设等。（1）建立工作机构方面，各开发区抽调得力干部组成管理委员会，负责开发区的管理工作。（2）选择开发区地址方面，由于缺乏先例，大多数开发区将其建在离老城区较远的地方。（3）拟定相关法规方面，由于当时国家立法的条件尚不成熟，大多数省直辖市的立法机关为本地开发区制定了一批单行法规。（4）基础设施建设方面，最初主要是确保给水、供电和道路的畅通，投资建厂的土地要平整。随后又增加了排水、通信、燃气和供热等设施建设。到 1987 年年底，我国共建立了 13 个经济技术开发区，完成了基础设施建设，建成了标准厂房和各类设施 200 多万平方米。此外，还批准了近 300 个外资项目和 200 多个内联项目，实际利用外资近 2 亿美元，企业投入生产运营，实现了工业总产值、出口创汇和财政收入的大幅增长。

在起步阶段，开发区的创建和发展面临着巨大的挑战，基础设施几乎为零。开发投入严重不足，建设资金缺口巨大，外资流入经历了一个由少到多、由低到高的试探和观察过程。尽管存在诸多不利条件，开发区在这一阶段仍努力推动发展，但总体发展效果并不理想。然而，这一阶段对于开发区来说意义重大。一方面，利用国家优惠政策完成了初始资本积累，开始了对开发区的基本状况和对外经济合作的基本规律的探索和研究。另一方面，开发区通过大胆实践，逐步统一了认识，确立了以发展为目的，即以产业发展为龙头，尽量利用外资和增加出口创汇的方针政策。

3.2.2 第二阶段：全面建设阶段（1988～1996年）

在此期间，开发区在原有基础上不断发展，取得了显著成效。开发区类型从以经济技术开发区为主，发展到包括高新技术产业开发区、免税区、台商投资区等多层次、多类型经济开发区的丰富模式。在此期间，中国经济开发区的发展达到了一个高峰，俗称“第二批”国家级开发区，包括营口、长春、沈阳、哈尔滨、北京、乌鲁木齐经济技术开发区，共17个，批准设立。随着第二批经济技术开发区的设立，中国经济技术开发区的总数已增至32个，地域分布从沿海到内陆。这些开发区所在的城市主要是重要的内陆城市，这表明中国的改革开放进程正在全国范围内不断深化。

1992年和1994年国务院还先后批准了上海金桥出口加工区、陆家嘴金融贸易区和苏州工业园成为国家级经济技术开发区。宁波大榭经济技术开发区和海南洋浦经济技术开发区的成片开发型开发区。也是在这一时期，1998年5月批准建立北京高新技术产业开发区，这是第一个国家高新技术产业开发区。1991年经国务院批准在全国组建了27个国家级开发区。其后，这一数量迅速膨胀，1992年国务院再批准组建了25个国家级高新技术开发区，此时全国开发区数量已达52个。

1992 年邓小平同志的“南方谈话”掀起了对外开放和引进外资的新一轮高潮。借助这一发展机遇，开发区实现了质的飞跃。1992～1996 年成为开发区实现大发展的黄金岁月，主要表现为：

第一，外资的引进数量和水平大幅度提高。跨国公司开始成为主要的外资来源，中小资本也纷纷进入中国进行投资。开发区吸引了大量的外资项目，投资额从几千万到上亿美元不等。以天津开发区为例，引进的摩托罗拉公司于 1992 年投资 1.2 亿美元，之后又增至 11 亿美元，成为中国最大的外商独资企业。这一阶段末与上一阶段末相比，项目总投资增长 623%，合同外资额增长 611%，年平均增长率分别为 48.6% 和 48.1%。开发区真正实现了以利用外资为主的目标。

第二，引进项目的技术含量和技术档次不断提高。这对于推动中国工业现代化的进程起到了难以替代的作用。通过技术引进，中国及时掌握了一些相对先进的国外科技，从而缩小了和世界先进水平的差距。如丹麦的诺和诺德公司的工业用酶制剂和人工合成胰岛素使我国生物工程和制药的生产水平与世界先进水平的差距缩短了 20 年。开发区的工业规模和工业实力取得了长足的积累。得益于各种特殊条件的支撑，开发区的综合实力获得迅速发展，有了一定的经济地位，取得了令人欣慰的经济效益。如 1996 年沿海经济技术开发区的工业产值比 1991 年增长了 828.2%，其中外商投资企业的工业产值增长了 760.3%。

3.2.3　第三阶段：清理整顿阶段（1997～2006 年）

在 1996 年，我国对利用外资的政策进行了调整，同时结束了财政优惠政策。随后，于 1997 年下半年，亚洲金融危机的爆发对各类开发区产生了深远且显著的负面影响。这场金融危机不仅直接导致了 7.99 亿美元的投资违约，其间接影响更是无法估量。

当然，在这一时期也有促进开发区建设的有利因素，那就是中国共产党第十五次全国代表大会对资本概念做了中性化处理，提出了公有制形式的多样化，确认了股份制是现代企业的资本组织形式，从而使中国对外树立了更开明、更务实的形象，增强了国际经济合作的信心。也正因为如此，我国开发区建设迎来了发展的第三次高潮。

鉴于沿海地区开发区在推动经济发展方面取得了卓越成果，国务院于1999年决定将“允许中西部各省、自治区、直辖市在其省会或首府城市选择一个符合条件并已建成的省级开发区申办国家级经济技术开发区”当作西部大开发战略的关键措施之一。2000~2001年，国务院批准了14个中西部中心城市的省级开发区升级为国家级经济技术开发区，这批被称为“第三批”的开发区包括合肥、郑州、西安、长沙、成都、昆明、贵阳、南昌、石河子、呼和浩特、西宁、南宁、太原和银川。同时，此后各地又出现了新一轮的开发区设立热潮，包括省级、县级和乡镇级开发区。一些开发区没有经过审批就直接设立，导致开发区数量急剧增加并引发了一系列负面效应。最终，国务院紧急叫停开发区的审批，对开发区进行整顿。2003年，国务院连续发布了一系列文件，对整顿土地市场秩序进行部署，取得了重要成果。各地停止了新开发区的审批设立和原有开发区的扩张。在原有的6015个开发区中，撤销了3763个。但这并不意味着开发区走向衰落。开发区仍将承担着经济发展和制度创新等任务。实际上，整顿是为了更好地推动开发区的发展。整顿使开发区再次面临重要的抉择。当前，保留下来的开发区既面临严峻挑战，也具备良好的发展机遇。开发区的未来发展需要各级政府、企业和居民共同努力，充分发挥开发区的优势，推动产业结构调整和优化，实现可持续发展。只有这样，开发区才能在新的历史条件下继续发挥重要作用，为我国经济的繁荣和发展做出更大的贡献。

在这个阶段，开发区面临着生存和发展环境的重大变化，同时在发展过程中也遇到了各种问题。这些变化使得开发区在第一阶段形成的开发模式，以及第二阶段定型的开发模式不再适应环境的发展。

2004年年底，根据自然资源部的建议，经国务院领导批准，由国家发展改革委牵头，会同有关部门，按照“布局集中、用地集约、产业集聚”的要求，对开发区进行了审核。通过审核的开发区，确定了开发区的“四至范围”（东、南、西、北四周边界），将开发区清理整顿的成果落到了实处。

根据清理整顿开发区的政策文件以及国家发展改革委、自然资源部、建设部制定并经国务院批准的《清理整顿开发区的审核原则和标准》，在清理整顿过程中，全国开发区的数量由6800多个减少到1500多个，减少了77%，规划面积由38600平方公里压缩到不到10000平方公里，减少了74%。其中，国务院批准的国家级开发区有222个，占地总面积共2323平方公里；各级人民政府确定的面积为7625平方公里，省级开发区一共有1346个。

3.2.4 第四阶段：平稳发展阶段（2007～2010年）

在政策环境方面，国家对开发区的财政优惠政策已经到期，同时，国家利用外资和出口退税政策的调整，使得开发区原有的发展模式面临新的挑战。在这种情况下，开发区需要重新审视和调整其发展策略，以适应新的政策环境。在财政优惠政策到期后，开发区需要更加注重提高自身的经济效益和竞争力，以实现可持续发展。同时，利用外资和出口退税政策的调整也要求开发区在吸引外资和促进出口方面寻找新的途径和手段。因此，开发区原来的发展模式需要适应新的政策环境，寻找新的发展机会和动力。体制环境方面，随着开发区的提升和扩张，不可避免地在制度设置上出现各种各样的问题，因此还需要完善开发区运行体制。

在产业环境方面，国家政策和产业环境的发展也提出了新的要求，即“致力于发展高新技术产业”。因此，开发区在发展工业的过程中，需要提高科技产业的关联度，以实现高科技的“产业聚集”。在这种情况下，开发区需要重新审视和调整其产业发展策略，以适应新的产业环境。

在社会环境方面，随着开发区的壮大，它不再是单纯工业区的定位，已经有综合城市化的需求。但是相关的城市配套极为缺乏。为了更好地支持工业发展，必须完善金融、商贸、社区、文化、教育等功能。因此，开发区未来的城市化趋势已成为一个不容回避的问题。在这种情况下，开发区需要重新审视和调整其社会发展策略，以适应新的社会环境。首先，开发区应加强对金融、社区、教育、商贸等功能的投入，为企业和居民提供更加完善的服务。其次，开发区需要重视城市化进程中的矛盾和问题，例如城市基础设施不足、生态环境压力等，并采取有效措施加以解决。最后，开发区需要积极应对城市化带来的机遇和挑战，发挥自身优势，推动产业结构调整和优化，实现可持续发展。

综上所述，开发区在社会环境方面需要适应新的发展趋势，完善各类功能，解决城市化过程中的问题，以实现更加和谐、可持续的发展。

第五阶段：转型发展阶段（2011 年至今）。

2008 年爆发的世界金融危机，深刻改变了中国经济发展的外部环境，同时国内经济增长条件也相应发生了巨大变化。首先，国内开发区特别是沿海地区的开发区产业有许多是出口导向型的，当外需规模急剧缩减、外贸数额大幅缩水情形出现，这些开发区首当其冲地受到直接冲击。沿海地区的开发区与内地开发区在产业上有着密切关联，内地开发区的许多产业和企业是为沿海开发区出口加工产业和企业作配套的，产业关联也将这种冲击传导到内地开发区，使相当一批产业和企业陷入困境。其次，长期粗放式布局和发展方式，使开发区的综合承载力下降，突出的是土地供给、人力资源供给、生态环境容量等均出现瓶颈状态。相当数量的开发区在设立早期，由于不重视集约配置和集约发展，规划粗放粗糙，导致开发区的投资强度不合理、土地利用效率不高、生态环境污染严重、投入产出率水平偏低、资源消耗过大过快等弊病，使之未来持续发展受到阻碍。最后，开发区产业结构和层次低端化相当普遍，尤其是不发达地区的市县开发区，传统产业比重大，技术含量偏低，创新能力弱小，而且无论是规模经济还是范围经济都未能达到合理水平，面对世界性的经济危机和国内经济下行压力缺失竞争力甚至生存力。因此，新的国内外经济形势倒逼开发区必须转型发展。截至2022年，全国各级各类开发区总计2776个，包括230个国家级经济技术开发区、168个国家级高新技术产业开发区、166个海关特殊监管区、21个国家级自由贸易试验区、19个国家级新区、19个国家级自主创新实验区以及2111个省级开发区。经过近40年的发展，开发区经济规模总量已经占到国民生产总值20%以上，成为我国经济发展和城镇化的重要空间载体。

在这一阶段，开发区的转型发展主要表现在政策和实践两个层面。

随着我国经济体制改革的不断深化，经济技术开发区迎来了快速发展的新阶段。在2004年，国务院确定了经济技术开发区的新发展导向，即“三为主、两致力、一促进”，标志着我国经济技术开发区进入了一个新的发展阶段。这一导向强调了提升外资吸收的质量和效益，发展现代制造业，优化出口结构，并致力于发展高新技术产业及高附加值服务业。旨在推动国家级经济技术开发区向多功能综合性产业区转型。随后，在2014年11月，国务院办公厅发布了《关于促进国家级经济技术开发区转型升级创新发展的若干意见》，进一步明确了国家级开发区的发展方向。其中，开发区的发展导向为“发展高新技术，开辟高新技术产业”，并在此基础上提出了“四位一体”发展战略目标。

综上所述，我国经济技术开发区发展导向的转变，一方面体现出政策制定的灵活性和针对性，另一方面也反映出发展的阶段性和规律性。在新的发展阶段，我国经济技术开发区将继续坚持创新驱动，提升发展质量，为推动我国经济持续健康发展发挥更大作用。在实践层面上，各地开发区正在积极探索和实践转型发展。不同开发区根据自身特点和环境条件，进行了多样化的转型实践。其中，广东珠三角地区的开发区采取了“腾笼换鸟”的措施，通过将低水平产业迁移出开发区，引进科技含量高、经济效益好、资源污染少的产业，以促进产业结构向中高端转型升级。安徽合肥的国家级经济技术开发区和国家级高新技术产业开发区则以新型工业化为导向，加快推进产业升级，努力打造先进制造业基地。这两个开发区也在加快推进现代服务业发展，并引进、培育和发展生产性服务业，以优化产业结构。此外，产城融合发展也成为一种趋势。随着城市化进程的加快，开发区已不再是远离市区的郊野荒地，而是与母城区逐步融合，成为母城的有机组团或“卫星城”。例如，江苏的苏州工业园将开发区当作新城市功能的新城区进行规划和建设。在环境保护方面，许多开发区开始重视生态环境保护，并对进入开发区的产业和企业制定了严格的环境标准。只有达到标准的产业和企业才能进入开发区。此外，招商引资也更加注重环境影响，进行有选择的挑选。这一系列的转型发展表明，开发区正处于转型发展的进程中，未来仍将继续推进。

3.3 开发区生命周期

藤森英男早在 1980 年就提出，亚洲的出口加工区发展经历诞生、发展、成熟和衰落等阶段，具有和一般产品生命周期类似的生命过程。国内学者基本认同这种基于生物进化论的生命周期观点，但就衰落这一环节有不同认识。王慧（2003）认为，衰落也许不是必然，开发区也可能经历功能多元化、产业高级化、特殊性消失和与城乡一体化程度加深的过程。而郑国（2008）认为，进入后开发区阶段之后，则可能演变为问题区域、产业新城和创新空间三种城市地域空间类型。中国城市开发区 30 多年的发展历程和现状，验证了研究者们对开发区生命周期认识的客观性和准确性。

周元和王维才（2003）认为，从要素变化的角度看，开发区的产业发展要经历要素驱动、产业主导、创新突破和财富凝聚四个发展阶段，每个阶段间的转化都需要特定条件，所以开发区可能在任何一个阶段夭折。洪燕（2006）认为，开发区的发展是政策落差产生的制度创新效应逐渐平缓并被集群产生的优势所取代的过程，所以制度稳定度、资源集聚度和成本节约度是判断开发区制度生命周期的标准。李耀尧（2011）认为，从发展优势演变看，开发区发展则经历比较优势集聚、竞争优势集聚、创新优势集聚和财富优势集聚的过程，中国大多数开发区目前处于第一和第二阶段，少数处于第三阶段或向第四阶段转化的过程。

开发区是社会经济发展的特定历史阶段的产物，具有生物体生命周期成长的特征。生命周期是指生物在形态或功能上所经历的一连串阶段或改变，即从出生、成长、衰老到死亡的过程。纵观国内外关于生命周期理论的研究，如金德尔伯格的国家生命周期理论，波特的国家竞争力发展四阶段说，Vernon 等的产业生命周期理论，伊查克·麦迪思、理查德·L. 达夫特等的企业生命周期理论，研究主要集中在国家、产业和企业三个层次。

国内外学者关于产业集群发展演化的研究对开发区转型升级的周期演进特征具有借鉴意义。波特（Porter）在钻石模型的基础上将产业集群划分为出生、发展、可能的衰退或集群解体三阶段。汤普森 1996 年在《经济地理》杂志上发表了关于制造业地理的几点思考，从区域生命周期角度对制造业区域的发展规律进行了专门研究。他认为可以把工业区发展划分为年轻期、成熟期和老年期。处于年轻期的工业区，由于其明显的成本优势和市场作用，吸引了大量的投资进入该区域。伴随资本进入，该区域集中了适应市场的技术和装备，同时也吸引和造就了符合时代要求的技术和管理人才。区域经济发展迅速，企业生产活动踊跃，区域不断走向繁荣。区域进入成熟期是以本区域相对其他区域的主宰地位为标志的。随着其他区域的发展，区际竞争加剧，其他区域同样有在制造业中分工收益的主动需求。

为了应对其他区域的挑战，本区域的企业越来越多地将分厂设立在其他区域。伴随分厂的设立，企业技术和管理人员也发生流动，从而引发该区域对其他区域经济和技术的传播。由于区域成本提高和市场转移促使区域进入老年期。在其他区域具备生产条件时，本区域的竞争优势逐步丧失，资本寻租引发企业转移和流动性生产要素的转移，区域走向衰落。

闫国庆等（2011）把中国开发区完整的生命过程分为创建期、成长期、转换期、成熟期和回归期五个阶段。可见，开发区生命系统的发展演化具有周期演进特征，在资本、土地、人、企业、政策等要素的相互作用下，开发区生命系统演化是一个非线性的过程，既有正向的提升也有负向的退化，包括起步期、成长期、成熟期和复杂期等状态，具体的发展路径上可能呈现工业园阶段、产业园阶段、城市新区阶段和产业新城阶段的发展过程。一般来说，在开发区生命系统的起步期，开发区发展速度较慢，随着量变积累，开发区发展速度加快，发展水平升高，开发区进入成长期，随着开发区发展速度达到峰值并开始回落，开发区发展水平呈现缓慢上升态势，开发区生命系统逐渐趋稳，并达到稳定，此时一个开发区的生命周期过程结束，随着内部因子的整合和外部环境的变化，开发区生命系统可能开始新一轮演进过程。根据国家竞争力的理论，开发区的生命周期可以被划分为不同的阶段。周元和王维（2006）提出了要素驱动、产业主导、创新突破和财富凝聚四个阶段，并指出了各个阶段的主要特征和转换所需的条件。朱彦恒、张明玉、曾维良（2013）将开发区的生命周期分为生产驱动、技术驱动和创新驱动三个阶段，结合实践进行了分析。洪燕（2014）从制度的角度将开发区划分为强制度化、弱制度化和后制度化三个阶段，并以稳定度、成本节约度和资源聚集度当作判断开发区生命周期的标准。沈伟国、陈艺春（2015）从产业发展和功能转变的角度，将开发区的发展历程概括为要素空间集聚、主导产业强化、创新生态演进和区域联动辐射四个阶段。郑国（2016）指出中国开发区的生命周期即将终结，进入了“后开发区时代”，并划分了问题区域、新的产业空间和新城区以及创新的空间三种类型，并指出适应不同类型的新政策体系将逐渐形成。此外，刘军林（2017）从功能定位的角度分析了混合型开发区和专业型开发区的生命周期特征。通过以上各种分析方法，可以更全面地理解和描述开发区的发展过程和特点。

要进一步补充的是，随着开发区的发展进入不同阶段，其面临的挑战和机遇也会有所不同。在发展过程中，政府和相关利益方需要适应不同阶段的需求，制定相应的发展战略和政策，以推动开发区的可持续发展。

我国城市开发区经历了诞生、快速发展和平稳发展的过程，伴随着这一过程，研究者们通过对大量开发区单体发展历程的研究，从不同角度总结提炼了城市开发区的生命周期过程，并将对开发区发展的认识提升到规律层面。这些规律性结论的出现，为解决城市开发区实践过程中面临的阶段性问题提供了理论支撑。

开发区早期形态有三个主要特征：第一，从行政区中划出一个专门区域，当作相对独立的经济功能区，与母行政区有一定区隔，实行独立规划、独立建设运行、独立核算、独立管理。在国土区域上，开发区处于一个行政区地域范围内，但具有独立性，区别于母行政区的其他不具独立性的地域。第二，开发区管理委员会当作政府派出机构，一般直属于当地的上一层级政府，与所属行政区本级层级政府无关。例如，合肥经济技术开发区在行政区划上属于合肥市蜀山区，但在规划、建设、核算、管理上独立于蜀山区之外，开发区管委会系合肥市政府派出机构，而不隶属于蜀山区政府，并在行政级别上高于蜀山区政府。在县域的开发区也是如此，例如，芜湖县经济开发区，其国土区域属于城关湾沚镇，而其管委会系县政府派出机构，行政级别高于湾沚镇。第三，城市化趋势。经历了30多年发展，中国城市开发区在其转型过程中的城市功能开发已经成为必然。一方面，沈宏婷（2007）认为，建立初期基于单纯生产目的设立的孤岛式开发区，暴露出经济结构单一、功能结构残缺、低水平拓展等诸多问题。郑国

(2007）认为，职能单一诱发了严重的职住分离现象（尤其是大城市和特大城市）以及随之而生的通勤、购物、就医、教育等社会问题，已经成为开发区乃至整个城市可持续发展的严重阻碍。另一方面，天津泰达、苏州开发区、广州萝岗等较为成熟的国家级开发区已经开始实践新城战略和产城融合的发展方式，其他新建开发区也希望从初期就遵循功能综合化、配套完善化的发展过程，避免功能单一带来的发展障碍。王文滋（1999）认为，开发区城市功能开发兼具必要性和可行性，其意义远大于开发区自身，在协调工业化和城市化、催生中国的逆城市化、加强区域创新系统、塑造国际城市等更高层面产生影响。杨东峰（2006）认为，从我国沿海开发区的经验看，城市功能开发的结果之一是形成外向型工业新城，这些新城不但在建设过程上和欧美的新城迥异，而且具有外资密集、现代工业主导等特点。如何实现开发区向新城的转变是最为关键的现实问题之一。沈宏婷(2007）认为，总体而言，通过平衡经济结构、完善居住、商业和公共服务等城市功能、提高空间内涵和质量、创新管理体制等是开发区建设必备的转型途径。买静等（2011）认为，从空间角度看，要实现产业区向多功能城区的转变，需要改变开发区的空间组织模式和传统用地模式，大幅度提高城市型用地比例，并在转型中的重点地区和一般地区采取不同的推进手段。蒋万芳等（2012）认为，管理上需要开展行政资源合并，合并开发区和城市中与开发区经济建设相关的行政部门，实行“两块牌子、一套人马”的管理模式；罗小龙等（2011）认为，开发区管委会的职能也从促进经济增长转变为综合管理。蔡海鹏（2013）认为，产业方面，开发区以提供生产活动为主，而城市以提供服务为核心，所以腾退工业和引入生活服务业是开发区转型的核心过程之一。何兴刚（1995)、张志斌等（2010）认为，事实上，开发区的发展过程本身也是加强城市原有功能、弥补城市功能缺失的过程，所以开发区和城市整合具有现实基础，可以通过土地利用、基础设施建设、产业和制度等方面的整合，实现开发区和城市的功能互补与协调发展。罗小龙等（2011）认为，对于新建开发区，苏州工业园区的经验值得借鉴：超前的综合发展规划，充分考虑了开发区与苏州旧城的关系以及产业发展与居住、商贸、景观的关系，所以开发区可以从工业园向城区平稳过渡；此外苏州工业园实施了以“服务业倍增计划”为核心的企业家城市行动策略，在工业园中创造了 CBD、居住、旅游等城市新空间（功能载体），极为有效地促进了开发区服务业发展。

第 4 章

数字技术赋能开发区治理理论分析框架

随着数字经济的蓬勃发展，数字技术赋能已成为推动区域治理现代化的重要手段。然而，对于数字技术赋能开发区治理的具体作用机制和影响路径，现有研究仍存在不足。因此，本书旨在构建数字技术赋能开发区治理的理论分析框架，系统性地揭示数字技术赋能和网络嵌入对开发区治理绩效的影响机制。

一方面，数字技术赋能的维度尚不明确。虽然已有研究指出数字技术赋能可能涉及资源赋能、结构赋能、平台赋能和生态赋能等多个维度，但其在开发区治理中的具体作用路径仍需进一步探索。例如，对于数字技术如何通过提升基础设施、优化治理模式和增强协同治理能力来推动开发区治理现代化，仍缺乏系统的理论阐释。此外，数字技术赋能是否通过数据共享、服务效率提升、参与程度提升和资源优化等路径影响开发区治理绩效，也需要进一步验证。

另一方面，网络嵌入对开发区治理的影响机制尚不清晰。网络嵌入理论强调了组织间关系和结构对治理绩效的调节作用，但其在开发区治理中具体的结构也不清楚，并且关于网络嵌入在数字技术赋能开发区治理中的调节作用尚未得到充分探讨。例如，网络嵌入如何通过优化政企关系、促进信息共享和增强合作信任来提升开发区治理绩效，仍需深入研究。

因此，本书希望通过构建数字技术赋能开发区治理的理论分析框架，明确数字技术赋能和网络嵌入的具体维度及其对开发区治理绩效的影响机制。这不仅有助于填补现有研究的空白，还能为开发区治理的数字化转型提供理论支持和实践指导，推动开发区实现高质量发展。

4.1　数字技术赋能多维度解析

在数字技术深度融入社会治理的时代背景下，围绕其赋能机制展开的研究不断涌现，经梳理可知，数字技术赋能的维度主要从工具化、结构化和智能化这三个维度展开。

4.1.1　工具化维度

从工具化维度来看，数字技术被视作提升主体协同治理能力的有力工具。部分学者指出，运用算法和模型进行精准测算，以及借助数字技术开展辅助治理工作，均是利用技术来替代并提升治理主体的能力（贾秀飞，2021）。另有部分研究着重关注数字技术在主体间信息共享方面的影响，认为以数字技术为依托，实现多元主体间的信息共享是达成协同治理的关键要素（Viale Pereira et al.，2017；汤峰、蓝国瑜，2023）。信息共享的优化能够显著提高多元主体间的沟通协调效率，增强信息的可及性（郁建兴、樊靓，2022），进而推动多元主体采取联合行动，尤其能够促进公众等社会主体积极参与到治理过程之中（Chatfield et al.，2015）。数字技术所具备的“信息传递去中心化”特性，有助于提升社会主体的参与能力，实现技术与协同治理之间的良性互动（Milakovich，2012）。

4.1.2 结构化维度

从结构化维度来看，则将研究重点聚焦于数字技术赋能对传统治理结构所产生的冲击与重塑。学者们深入探讨了数字技术对政府组织模式变革的影响机理（陈鹏，2019），以及多元主体协同治理的结构框架等重要议题（鲍静、贾开，2019）。部分学者认为，数字技术带来的一个重大影响在于改变了多元主体之间的互动模式，使得政府与社会主体之间的互动结构朝着更加扁平化的方向发展（王臻荣，2014）。数字技术赋能为多元主体间的协同合作提供了崭新的方式（Batty 等，2012），推动了彼此之间以新的形式展开沟通、协商与对话（Federici et al.，2015）。此外，数字技术不仅能够优化行政流程，还能在更深层次上引发行政权力结构的“去中心化”（张楠、迪扬，2020），削弱治理结构的层级特征，促使治理结构日益趋向扁平化（邓理、王中原，2020）。

4.1.3 智能化维度

从智能化维度来看，数字技术的迅速崛起构建了一种与传统治理体系截然不同的主体间关系。智能治理蕴含着多元主体共同参与治理的协同理念（Nam and Pardo，2014），有学者建议未来应进一步加强对智能治理与协同治理理论之间内在联系的研究（Torfing et al.，2012）。既有研究主要侧重于采用智能治理模式，以实现更具互动性的参与式治理（Lim，2017），并通过数字技术赋能来促进多元主体间的协同合作。学者们提出了“智慧协同”（Smart Collaboration）的概念框架（Misuraca et al.，2012），深入探析了既具有整体性又兼具智慧性的整体智治模式（邓念国，2021），同时还对应用数字技术提高多元主体协同模式的有效性、可持续性等议题展开了探讨（Cieslik et al.，2021；Yahia et al.，2021）。

综上所述，数字技术在工具化、结构化和智能化这三个维度上，分别从不同层面为社会治理赋能，改变着治理的方式、结构与理念，深刻影响着治理效能的提升与发展，如图 4－1 所示。

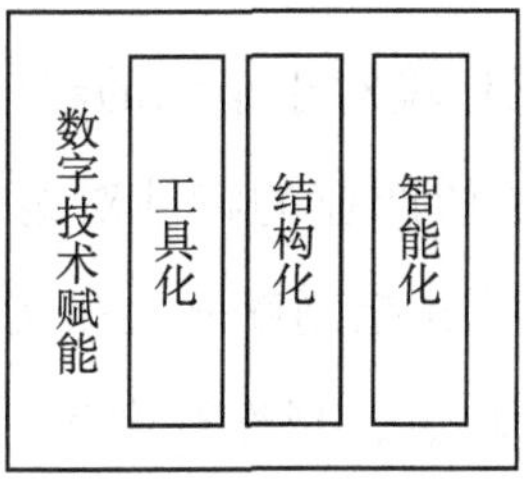

图 4－1　数字技术赋能的三个维度

4.2　开发区网络嵌入的结构性特征探究

Hirschman（1977）最先提出网络联结（linkages）在企业成长过程中作用的理论，指出嵌入网络的企业能够取得更大成功。但由于当时网络分析方法和网络理论发展的缺失，早期研究局限于关系维度中关系类型这一特征变量，不具备真正意义上解释企业网络化成长的能力。Hagedoorn（2006）认为组织行为与其所处的国家和产业环境、社会网络有着密切的关系，两个组织之间的双边关系也相互影响。因此，Hagedoorn 将嵌入性分为三个层次：双边嵌入性、组织间嵌入性和环境嵌入性。Hagedoorn 的三个层次的嵌入性表现为从宏观联系到中观联系再到微观联系的组织嵌入性。20 世纪 80 年代中后期企业网络化成长兴起。学者们开始利用社会网络分析方法来研究产业集群，对提升园区及区域经济效应起到了关键作用，因此网络分析方法也成为研究园区集群网络的重要工具。本书将网络嵌入的理论引入开发区研究中来，用网络特征分析方法分析开发区的内部网络。

4.2.1 环境嵌入性

一个国家或产业的发展环境对于组织的经济行为有着重要的影响。所谓环境嵌入性是指一个国家或产业的特性对组织经济行为的影响（Hagedoorn，2006），环境嵌入主要包括制度嵌入和文化嵌入。

制度层次，按 North 的观点，当作社会运行规则的制度可以划分为包括法律、标准、规则、合同等的正式制度，以及包括习俗、传统、规范、认知与社会价值观等的非正式制度两类。

一方面，正式制度可通过支持市场交换等中介设施的发展，提高经济交换中的透明度，降低信息不对称性和交易费用。另一方面，文化层次也会对政企关系产生影响。Crossland 等（2014）通过跨国比较发现，美国政企关系比德国和日本更能影响绩效。因为美国文化更强调个人主义，认为领导者个人魅力对组织更重要，在激励中更倾向于提供具有竞争性的薪酬。Crossland 等（2014）采用 Hofstede 分析框架，对 15 个国家进行比较，研究文化差异对政企关系的影响。结果表明，除了权力距离相反外，如果一个国家的制度灵活性越大，法律体系采用普通法系而不是大陆法系，所有制结构分散程度就越高，个人主义文化价值观更普遍，不确定性容忍程度更大，同时文化宽松度越高，政企关系的等级关系越不明显。

4.2.2 组织间嵌入性

在经济活动中，组织要不断地与周围环境中的其他组织发生各种各样的联系。组织间嵌入性是指组织所处的社会网络对其经济行为的影响

(Hagedoorn，2006)。从横向上，组织间嵌入性反映了组织合作关系的经验影响；从纵向上，组织间嵌入性反映了组织过去参与多重网络的历史经验的影响。根据知识理论的观点，组织过去的合作经验对组织而言是一项正面的学习情境，有助于合作研发创新的学习效果。Teece（1997）研究发现，企业合作经验会影响其获取新知识的程度。因此，企业的历史合作经验可以增强组织合作的可能性和成功性。另外，实证研究表明，企业的合作经验能够促进其现有合作关系的存续。

组织间层次，组织间层次对政企关系的影响，主要来源于组织间的社会关系网络。治理绩效常常受益于政企关系的网络连带所产生的信息和资源便利的好处。研究发现，行动者之间的网络密集度越高，信息流动越便利，政府和企业之间的信息不对称性越低，且企业的机会主义行为越少，该行为产生的社会压力越大。由此，在社会关系网络密集度越高的情况下，企业不需要在政府的监督和激励措施上投入更多，相反更依赖于成本更低、效率更高的社会网络治理机理。

4.2.3 双边嵌入性

从微观上，组织之间的双边关系将会对政企之间的行为产生影响。所谓双边嵌入性是指两个组织间的合作关系对组织行为所产生的影响（Hagedoorn，2006）。在合作关系中，相互信任和信息共享是其中一方认为对方诚实的信心，它包含了认知和行为的成分，是以双边预期性和互惠性为特征的。因此，在双边嵌入性中，相互承诺和信息共享是双方建立合作关系的关键要素。在政府和企业的双边关系中，由于信息不对称造成企业信息的成本较高，因此。当关系信任和承诺以及信息共享嵌入企业间的联系时，它就与企业合作关系的稳定性呈正向关系。另外根据张舜禹、郁建兴、朱心怡在《政府与社会组织合作治理的形成机理——一个组织间构建共识性认知的分析框架》中提出，共同解决问题成了政企合作的一个重要的指标。

本书将开发区网络嵌入结构分为：环境嵌入、组织间嵌入和双边嵌入，环境嵌入层次选取制度嵌入和文化嵌入这两个变量。组织间嵌入的层次，选取网络密度、网络规模和网络中心度三个变量。双边嵌入这个层次可以分成三个主要概念，即信任、信息共享和共同解决问题，具体如图 4－2 所示。

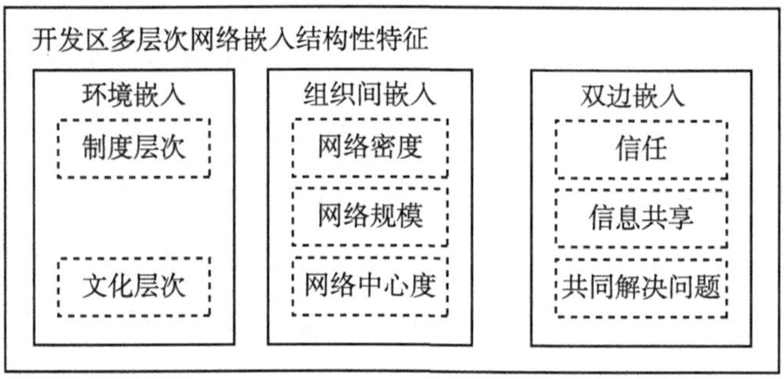

图 4－2　开发区多层次网络嵌入结构性特征

4.2.4　网络嵌入的调节作用：对数字技术赋能效果的影响机制

网络嵌入理论研究指出，数字技术的兴起引发了社会经济系统的深刻变革，改变了网络嵌入的特性。网络嵌入，即企业在网络中的位置、地位以及相互间关系，决定了其在网络中聚集、整合和配置资源的数量和质量。在数字技术赋能的背景下，网络嵌入对开发区治理绩效的调节作用日益显著。首先，网络嵌入优化了开发区内企业和政府间的合作路径，提升了治理效率。数字技术赋能下的网络嵌入，为开发区内的组织提供了良好的信任基础，通过信任和互动，实现了资源共享和共同利益的最大化。这种信任机制加强了资源在组织间的流动，提高了治理主体间的合作效率，尤其是对于新创企业和小企业来说，网络嵌入有助于它们克服规模劣势，促进开发区治理行为的创新和实施（朱秀梅、费宇鹏，2010）。其次，网络嵌入在数字技术赋能中起到了桥梁作用，帮助开发区内企业实现流程优化。通过网络嵌入，企业能够拓展信息获取渠道，促进与网络成员间的信息交流，学习先进的管理经验和运营流程，确保及时更新和优化，从而提升开发区整体的治理效率。最后，网络嵌入还有利于缓解开发区面临的环境不确定性和风险。在数字技术赋能的背景下，良好的网络结构嵌入和网络关系嵌入能够降低开发区在面临突发事件时遭遇的风险冲击，提升整体的韧性。稳定的合作关系能够在一定程度上缓解竞争压力，并通过信息搜集与知识交换的方式避免技术风险，保障开发区治理的稳健运营。

根据 Hagedoorn（2006）的研究，网络嵌入性可分为环境嵌入性、组织间嵌入性和双边嵌入性三个层次，这三个层次在数字技术赋能的背景下，对开发区治理绩效的提升起到了重要的调节作用。本书从这三个角度来分析网络嵌入在数字技术赋能对开发区治理绩效中的调节作用。

首先，环境嵌入性层面，数字技术的应用为开发区提供了一个制度和文化上的嵌入平台。正如 North（1990）所指出的，正式制度如法律、标准通过数字平台得以更高效地传播和执行，而非正式制度如习俗、传统则在数字化的社交网络中得到强化和传承。这种环境嵌入性有助于构建一个透明、规范的开发区治理环境，从而提升治理绩效（Crossland et al.，2014）。

其次，组织间嵌入性层面，数字技术的应用扩大了开发区内企业和政府以及其他组织之间的联系网络。网络密度、网络规模和网络中心度的提升，促进了信息和资源的快速流动，降低了信息不对称性，增强了组织间的合作效率（Teece，1997）。这种组织间的紧密联系为开发区治理提供了丰富的社会资本，有助于提高治理绩效。

最后，双边嵌入性层面，数字技术的赋能使得开发区内政府与企业之间的双边关系更加紧密。在合作关系中，相互信任和信息共享是双方建立合作关系的关键要素（张舜禹、郁建兴、朱心怡，2018）。这种双边嵌入性有效地促进了政企之间的协同治理，减少了交易成本，提高了治理的灵活性和响应速度。

综上所述，网络嵌入性在数字技术赋能对开发区治理绩效中起到了显著的调节作用。环境嵌入性、组织间嵌入性和双边嵌入性三个层次相互作用，共同推动了开发区治理绩效的提升，为开发区的可持续发展奠定了坚实的基础。

4.3 数字技术赋能的开发区治理理论模型构建

（1）数据共享维度对开发区治理绩效的作用。数据共享通过建立统一的数字平台，实现了信息的流通和透明化，从而提高了决策的质量和效率。根据张伟和李强（2019）的研究，数据共享能够促进政府与企业、公众之间的信息对称，减少了因信息不对称导致的治理难题，进而提升了开发区治理的整体绩效。服务效率提升维度对开发区治理绩效的作用。服务效率的提升通过简化行政流程、缩短办理时间，显著提高了政府服务的响应速度和满意度。王丽和刘强（2020）的研究表明，数字技术赋能下的服务效率提升，不仅增强了开发区的吸引力，也为企业提供了更加便捷的营商环境，从而促进了治理绩效的提升。

（2）参与程度提升维度对开发区治理绩效的作用。参与程度的提升意味着更多的利益相关者能够参与到开发区治理过程中，增强了治理的民主性和包容性。根据赵敏和孙洪斌（2021）的研究，数字技术的应用为公众参与提供了新的渠道，使得治理更加贴近民意、反映民需，从而提高了治理绩效。

（3）资源优化维度对开发区治理绩效的作用。资源优化通过大数据分析和智能算法，实现了对开发区内资源的合理配置和高效利用。李明和周晓光（2018）指出，数字技术赋能下的资源优化，有助于提升开发区的资源配置效率，降低运营成本，从而显著提升治理绩效。

数字技术赋能的开发区治理分析框架具体如图4－3所示。

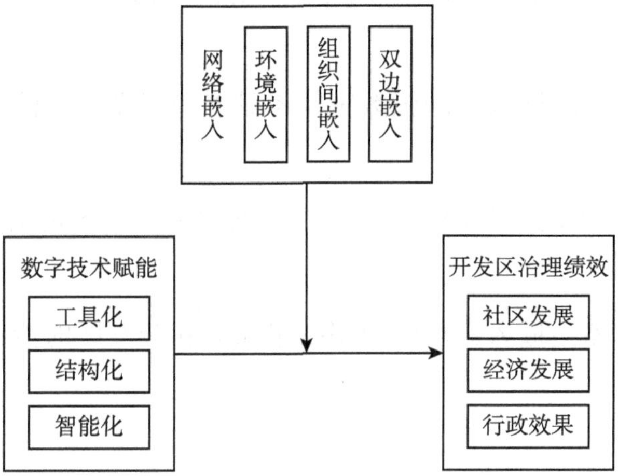

图4－3　数字技术赋能的开发区治理分析框架

根据以上分析得出以下假设：

H4－1：数字技术赋能可以提升开发区的治理绩效；

H4－1a：数字技术方面的工具化可提升开发区的社区发展；

H4－1b：数字技术方面的结构化可提升开发区的社区发展；

H4－1c：数字技术方面的智能化可提升开发区的社区发展；

H4－1d：数字技术方面的工具化可提升开发区的经济发展；

H4－1e：数字技术方面的结构化可提升开发区的经济发展；

H4－1f：数字技术方面的智能化可提升开发区的经济发展；

H4－1g：数字技术方面的工具化可提升开发区的行政效果；

H4－1h：数字技术方面的结构化可提升开发区的行政效果；

H4－1i：数字技术方面的智能化可提升开发区的行政效果。

H4－2：网络嵌入对开发区治理绩效是正向影响；

H4－2a：环境嵌入对开发区的治理绩效正向影响；

H4－2b：组织间嵌入对开发区的治理绩效正向影响；

H4－2c：双边嵌入对开发区的治理绩效正向影响。

H4－3：网络嵌入会增强数字技术赋能和开发区的治理绩效之间的关系；

H4－3a：环境嵌入会增强数字技术赋能和开发区的治理绩效之间的关系；

H4－3b：组织间嵌入会增强数字技术赋能和开发区的治理绩效之间的关系；

H4－3c：双边嵌入会增强数字技术赋能和开发区的治理绩效之间的关系。

4.4 问卷设计的科学原则与实施流程

问卷调查法因其数据收集方式灵活而有针对性，是管理科学定量研究方法中较为普及的一种方法。本书将利用问卷调查法收集相关变量的测量数据，收集数据类型全部为横截面数据。

4.4.1 问卷设计原则

为了确保问卷设计合理，能充分测量构想本书梳理前人关于问卷设计方面相关研究，在问卷设计过程中遵循以下原则：

（1）相关变量采用或借鉴较为成熟的量表。量表选择或借鉴原则主要是依据文献来源期刊影响力度、信度效度、被引用次数以及在我国情境下的使用情况等。

（2）量表内容要准确简洁。避免出现冗余信息，避免出现“经常、偶然、几乎”等让被试者模棱两可不好回答的词句；对于外文量表，采用回译程序保证量表的内容效度。

（3）量表语言要通俗易懂。量表设计过程中要避免出现专业背景较深的语言和学术性语言。

（4）量表题项设计要避免出现靠作答者记忆才能回答的问题。

（5）问卷长度要适中，防止被试者因疲劳出现作答偏差。

（6）问卷所有备选题项之间应避免内容交叉，具备互斥性；同时所有题项整体应避免内容遗漏，具备完整性。

4.4.2 问卷设计过程

（1）确定量表。通过梳理相关文献，整理出国内外关于网络关系嵌入、知识管理能力、创新绩效和环境动态性的相关量表。本书对量表选择标准是相对成熟检验效果较好的量表。由于管理学通用量表大多在西方文化背景下开发，存在本土化情境适用性和翻译的语境差异问题，因此尽量选择国内学者开发的成熟量表，或者以西方量表为基础，进行本土化适用并修正的量表。

（2）前瞻性访谈。为确保量表表述清晰、内容完整、科学严谨，量表修订过程请相关领域专家学者和企业管理人员，就量表内容进行交流探讨，对量表进行修改完善。

（3）修正量表。确定量表后，对题项进行分类与整理，对于信度效度较高的量表，大多题项均可借鉴，个别题项根据研究对象、研究领域不同适当修改。

（4）问卷式调查。在前置性访谈基础上，选择部分符合研究领域的被试者进行问卷式调查，防止出现理解偏差问题，根据试调查结果，对问卷进行修订完善。

（5）预测试。小样本测试主要选择苏州工业园、杭州经济技术开发区、漕河泾工业园、苍南工业园开展，通过小样本测试分析量表的信度和效度，删减修改量表题项，确定最终量表。

4.4.3 问卷防偏措施

调查问卷采用被试者以主观理解的方式赋值作答，因此被试者可能会因为个体对问卷题项理解偏差或者个人作答意愿不高等各种因素对问卷测量的可靠性造成一定影响。产生此类主观偏差除了与组织和个体因素有关外，与问卷量表的设计是否科学合理也有一定关联。参考以往相关领域的研究，本书采取以下防偏措施：（1）问卷设计过程中首先要选用或借鉴信度效度较高的成熟量表，其次要征求相关领域专家及企业管理者的意见，有针对性修改量表，最大限度减少因表述不清或不易理解的题项带来的作答偏差问题；（2）问卷发放对象选择企业中高层管理者作答，减少被试者因不了解企业发展状况带来的作答偏差；（3）问卷开始即向作答者告知本次问卷测试意图，本次调查仅用于学术研究，答案无优劣对错之分，且不体现被试者个人信息及企业名称，并向被试者做出保密承诺。

4.4.4 确定测量量表

本书涉及变量包括自变量：环境嵌入，组织嵌入和双边嵌入；因变量：开发区创新绩效。同时林萍（2008）认为 Likert 7 级或 9 级虽然代表的测量准确性较高，但同时也具有更高的变异性，因为大部分被试者无法在短时间内对各个题项拥有较高的辨别能力，同时较低的级数设置无法充分地满足被试者的意愿表达，因此过高或过低的级数设置均会对测量信度带来影响，所以本书问卷量表设计采用 Likert5 级数测量是比较合理的级数设置。具体赋值方法为 1 = “非常不符合”；2 = “有些不符合”；3 = “不确定”；4 = “比较符合”；5 = “非常符合” 从 1 ~ 5 的过渡区分强烈意愿和温和意愿。

4.5 问卷变量设置与测量维度确定

4.5.1 数字技术维度的变量设置与量化指标构建

本书根据（贾秀飞，2021；Viale Pereira et al.，2017；汤峰，蓝国瑜，2023；郁建兴，樊靓，2022）等专家的理论和实地的调研将数字技术赋能分为工具化赋能、结构化赋能以及智能化赋能三个维度，构建相关的指标体系，见表 4 - 1。

表 4 - 1　数字技术的变量表

测量指标	编码	测量题项
工具化	Z1	开发区内部署智能交通系统，包括智能交通信号灯、电子监控和智能停车系统
	Z2	开发区内建立数据中心和云计算平台，为大数据分析和存储提供支持
	Z3	我能够通过园区的各类数字化信息寻找各种资源
结构化	Z4	开发区通过数字技术改革了行政流程，我们切实办事更方便了
	Z5	我通过开发区构建的数字化的协同治理框架，和区内不同企业间合作更方便了
	Z6	我们公司（或政府）的管理层级变得更扁平了
	Z7	我能够通过各类数字化信息平台来建言献策

续表

测量指标	编码	测量题项
智能化	Z8	开发区通过智能监控和分析系统，我觉得园区更安全了
	Z9	开发区利用智能技术，为我们提供个性化的政策咨询和业务指导
	Z10	开发区利用智能技术，为我们提供个性化业务指导

4.5.2 网络嵌入变量设置与衡量标准制定

4.5.2.1 环境嵌入变量设置

姚云浩和高启杰（2014）指出，对于环境嵌入的内涵理解目前有两种方式。一种理解方式认为环境嵌入是一种政治网络关系的嵌入，即企业在日常经营中与政府主管部门、银行、科研机构、行业协会等发生联系，这种联系与法律制度、规定规范相关（唐兴军，2016；戴维奇，林巧，魏江，2011）；另一种理解方式认为环境嵌入是约束和规范企业行为的系统构建，如法律法规、行业规则、商业文化、意识形态、风俗习惯等，这种系统构建强调组织在制度约束下的规范性使得企业行为的表现具有相似性，造成“制度性趋同”（甄志宏，2006；李彬，谷慧敏，高伟，2011）。因此，环境嵌入是指制度和文化对经济社会中企业经济行为的约束，其中，制度嵌入主要指社会网络内正式的法律法规、规章制度等对企业的影响；而非正式制度主要指社会网络内的商业文化、行业氛围，以及风俗习惯等对企业的影响。

（1）制度嵌入。

制度嵌入是指企业通过与当地政府部门以及相关机构之间的频繁互动来构建良好的政企关系。正是制度嵌入程度的不同在构建个体身份、影响利益相关者感知，进而在影响个体声誉的过程中发挥着重要的作用（Wei，2004）。从利益相关者的角度出发，制度系统地将利益相关者对个体的感知引导到认定的类别（Douglas，1986），也就是说，没有制度差异和限定的界限，个体就不能被识别（Abbott，1985）。因此，正式制度嵌入为利益相关者对个体的感知提供了认知基础，是个体声誉建立过程中必不可少的一个部分。目前，我国的经济仍然处于转型期，不论是整个国家还是某个地区，其政治制度还不够完善，因此企业与政府间形成的政治网络至关重要。在当前的经济环境中，开发区制度嵌入所形成的政治网络，是一种能够帮助企业绕过官僚体制的障碍，来获取稀缺资源和商业信息的独特的资源通道（Park and Luo，2001），能够提高企业的竞争力。开发区内的企业与工商、税务、园区管委会等支持性机构建立紧密的关系可以获得金融资本投资和政策支持，使企业处于良好的市场竞争环境。因此，良好的制度嵌入关系能使开发区内的企业获得不同的优惠资源，如免费的办公场地、优惠的税收政策、便利的银行融资条件以及财政性补贴和政府采购等，这些资源不仅拓展了开发区内企业的资金渠道，而且为开发区内企业提供了更大的投资空间、发掘了更多的投资机会，进而影响开发区的治理绩效。

根据 Tallman、Spender、Maskell、capello. R、苗文斌对地方公共制度的研究结论和测度方法，并根据本书研究主题和调研修正，本书将制度嵌入设置以下几个题项：①我们当地政府有支持开发区发展的政策。②我们当地政府为开发区开通了绿色通道，简化了开发区的办事手续。③我们当地政府为开发区引进人才提供支持。④我们当地政府为开发区引进项目提供资源。

（2）文化嵌入。

新创企业社会网络中与其所涉及的政府有关组织机构、行业协会、竞争对手合作伙伴等在长期合作交流中形成了一些地方特有的商业规则、社会文化氛围等无形的公共制度。这些无形的规则就是文化，文化形成社会成员对网络主体的行为期望进而影响网络组织的经济活动（Zucker，1987）。Newburry 和 Yakova（2006）在他们的研究中发现文化能够影响个体对企业具体行为的感知，还能影响个体对企业的心理契约（Thomas et al.，2010）。最近的研究也表明文化形成的一般价值能够影响个体对企业合法性的判断

（Finch，Deephouse，Varella，2015）。通过以上的研究分析，本书认为，可以从两个层面分析文化的影响机理：一方面社会网络内的成员通过制定商业规则而形成一种地方特殊的文化和氛围，以此增进各主体间的组织邻近性，包括制度、文化、关系、技术等多方面，能够降低交易成本，规避交易风险和不确定性，提高企业管理效率，进而提高开发区的治理绩效。另一方面，企业间形成的文化有利于形成网络内的一般价值，这种一般价值有益于个体对主体的合法化判断，进而提高网络主体的声誉。总之，开发区内的文化嵌入能够影响开发区内企业的经济行为，进而影响开发区的治理绩效。

根据 Hagedorn、Tallman、Spender、Maskell、苗文斌对地方文化研究结论和测度方法，并根据本书研究主题和调研修正，本书将文化嵌入设置以下几个题项：①当地企业协调关系时很多做法不同于市场机理。②当地企业协调关系时有很多传统的处理方式。③当地企业在处理生产经营中的事务时，很多做法不同于外部的商业惯例。

4.5.2.2 组织间嵌入性变量设置

本书在开发区网络结构特征“组织嵌入”的层次，选取关系强度，网络规模和网络中心度三个变量。

（1）网络密度。

网络密度（intensity）是表现网络特征的重要维度。Hall（1977）用“关系的质量”来表示组织间联结的程度。根据组织间网络的相关文献，网络密度是两个因素的函数，一是关系所交换的资源数量，二是组织间接触的频率。

根据关系交换资源数量多少和组织接触频繁程度，关系强度分为强关系和弱关系两种。从相关研究来看，学者们存在两种不同观点：一种是强关系利于企业资源的获取（Lavie，2007）；另一种是弱关系扮演的角色比强联系重要得多（Granovetter，1973；Bian Y，1997）。

强关系观点认为，良好的互惠关系能促进企业间知识共享的培育，强连结企业间会形成共享态度、主张以及信念（Simsek et al.，2003），这会提高网络内知识和信息的深度沟通、有价值信息的交换（Thorelli，1986；Hsu，1997；Uzzi，1997）。相比于弱连结，强连结能够帮助网络成员在面对外部机会和威胁时作出更为有效的反应（Uzzi，1991）。弱关系观点认为，企业间保持较弱的关联可以传递新鲜的知识和信息，可以避免知识和信息的冗余，所以，弱关系在某种情况下也有助于企业成长（Granovetter，1973）。Burt 以结构洞的观点提出了非凡成员形成的网络关系对其信息的交流更具价值。Galunic 和 Moran（1999）也发现网络密度与企业绩效负相关。基于以上分析可见，对于关系强度对企业绩效的影响并未达成一致，这需要更进一步的实证研究，以探索现实中关系强度对企业绩效的实际影响机理。

（2）网络规模。

在大多数研究中，网络规模被视为网络特征的一个重要衡量指标。网络规模通常被理解为焦点企业在技术创新过程中形成的网络关系数量总和的大小。它也可以定义为与焦点企业直接相关联的合作伙伴数量（Marsden，1990）。网络规模（即企业合作关系数量）对企业的创新和绩效具有积极影响（Batiargal，2003）。这是因为网络规模的增大意味着焦点企业可以获取更多的创新资源（Ailen，2000；Boase and Wellman，2004）。这样企业拥有的网络关系也相对较多，网络关系当作网络资源的载体，本身也代表着一种关系资源，其数量的多少，往往能代表着焦点企业拥有的创新资源的多寡。因此，开发区在它所存在的环境中与更多组织建立交往，越有可能获取价值信息和资源。与开发区关联的网络节点越多，开发区的治理绩效可能越高。

（3）网络中心度。

网络中心度方面，网络中心性用于评价和衡量社会网络中个体的重要程度、位置优越性、特权性和声望声誉等（罗家德，2005）。网络中心性越高说明企业处于网络越中心的位置，拥有更多的合作伙伴，更容易在网络中获取资源和信息。已有研究表明，占据网络核心位置的企业具有网络范围内捕获资源、信息的能力和控制优势（沙浩伟等，2014）。开发区的内部网络是社会网络的重要形式之一，具有同样的网络特性优势，为提升开发区的治理绩效提供条件。具体体现在两个方面：一是，企业当作资源的集合体需要不断通过与外界的交流往来获得信息、技术等资源以补足自身所需并占有竞争优势。处于开发区网络中心位置的企业与网络中其他企业拥有较多的资金业务关联，更容易通过业务联络加强企业间的资源传递，由此获得资源优势。利用网络位置赋予的资源优势，企业可以与其他伙伴进行资源整合，进而获得成本优势以提高绩效和盈利能力实现企业的快速发展（王宇露等，2009）。二是，位于开发区网络中心性高的企业凭借收集获取的信息形成信息优势，对市场信息进行较为全面的把控。

根据上面对组织间嵌入性的研究结论和测度方法，基于实地调研情况进行适当修正后，从网络密度、网络规模、网络中心性程度三个方面进行问题设置分别如下：

（1）网络密度。

①管委会与开发公司、城投公司、物业公司等其他公司有很亲密的联系。②城投公司、开发公司、物业公司等其他公司之间有很亲密的联系。③管委会与城投公司、开发公司、物业公司与金融机构之间有很亲密的联系。

（2）网络规模。

①你觉得开发区中与你们企业有关系的企业的数量多。②你觉得开发区中与你们企业有关系的中介机构的数量多。③你觉得开发区中与你们企业有关系的金融机构的数量多。

（3）网络中心性程度。

①你的公司对管委会非常依赖。②管委会对你的公司会非常依赖。

③你的公司对城投公司和物业公司会非常依赖。

4.5.2.3　双边嵌入性变量设置

双边嵌入是指开发区内管委会、开发公司、中介机构、物业公司、企业等所共同形成的一种非正式的个人网络，通过这种非正式的网络关系，使得组织间彼此互相扶持、交换信息，并进行意见沟通。本书研究的双边嵌入性可以分成三个主要概念，即信任、信息共享和共同解决问题。

信任是指企业成员对其合作客户或者供应商的共有信任倾向程度（Zaheer，McEvily and Perrone，1998），反映了合作伙伴与企业的公平交易情况（McEvily and Marcus，2005）。Cummings 和 Bromily（1996）把组织间信任分为信守承诺（keep scommitments）、公平协商（negotiates honestly）和避免过分相互利用（avoid taking excessive advantage）三个维度，并分别从感情、认知和行为意向三个视角，开发了组织间信任的量表，最后得出 121 个问题来测度组织间信任。McEvily 和 Marcus（2005）在此基础上提炼出了 3 个题项来测度组织间信任：合作企业能与本企业进行的平等协商、谈判合作企业没有误导本企业的行为，合作也能信守承诺。Zaheer、McEvily 和 Perrone（1998）通过 5 个题项度量企业间信任程度：合作企业在与本企业的商谈中是公平无私的；合作企业不利用机会主义从本企业获利；基于合作经验本企业可以完全相信合作企业会信守承诺：当具体细节不明了时，本企业亦不会犹豫与合作企业进行交易；合作企业值得信赖。Gulati 和 Sytch（2007）在此量表基础上，添加了一个题项“本企业相信与该合作企业所共享的机密或产权信息将被严格保密”。

信息共享指的是合作各方超出合同与协议规定来主动交换信息的程度，而所交流的信息对对方有益（McEvily and Marcus，2005）。Heide 和 Miner（1992）用 4 个题项度量了信息共享程度，包括：合作企业会尽可能相互提供所需的信息；合作企业间信息交换非常频繁，而非仅局限于既定协议：

合作企业会尽可能相互提供所需的产权知识；合作企业能相互提醒可能存在的问题和变化。McEvily 和 Marcus（2005）在此基础上，整合为3项指标对信息共享进行测度：合作企业能提醒本企业可能存在的隐患问题，合作企业能与本企业分享其未来的发展计划，以及合作企业能与本企业分享其知识产权和敏感信息。Gulati 和 Sytch（2007）创建了13个题项的量表对信息交换进行测度，反映了信息交换的种类、详细程度、即时性、准确性等方面；并通过探索性因子分析把上述题项归为两类因子：信息交换范围与信息交换质量。

Heide 和 Miner（1992）在实证研究中用以下题项度量了企业间的共同解决问题程度：在大多数情况下，合作各方会共同负责完成任务；在合作中遇到问题，由合作各方共同解决，而非单个企业的责任；合作各方不会计较彼此间的相互帮助：合作企业与本企业共同承担维持合作关系的责任。McEvily 和 Marcus（2005）在上述研究基础上，运用3项指标来度量共同解决问题情况：合作企业能与本企业共同协作克服困难；合作企业能与本企业共同负责完成任务；合作企业能与本企业互相帮助解决对方问题。Gulati 和 Sytch（2007）用10个题项来评价合作企业的参与及共同解决问题程度。

本书基于上述研究成果，结合企业实地调研与专家意见，进行适当修正后从信任、信息共享和共同解决问题三个方面进行问题设置分别如下：

（1）信任。

①管委会和你的公司都对对方诚实和忠诚。②管委会和你的公司等都公平地对待对方。③为了招商引资的成果的成功，管委会和你的公司都愿意投入所需的资源。④为了产业升级，管委会和你的公司等都愿意投入所需的资源。⑤我们与合作伙伴都认为对方会在合作中全力投入。

（2）信息共享。

①在招商引资的过程中，管委会和你的公司之间开诚布公，信息共享。

②在产业升级的过程中，管委会和你的公司信息共享。③管委会和你的公司之间都诚实地提供对方需要的信息。

（3）共同解决问题。

①管委会与你的公司共同招商引资，相互合作。②管委会与你的公司共同克服开发区经营中的困难。③管委会与你的公司共同克服开发区产业升级中的困难。

具体见表4－2。

表4－2 多层次嵌入的测量题项表

测量指标	编码	测量题项
制度嵌入	A11	我们当地政府有支持开发区发展的政策
	A12	我们当地政府为开发区开通了绿色通道，简化了开发区的办事手续
	A13	我们当地政府为开发区引进人才提供支持
	A14	我们当地政府为开发区引进项目提供资源
文化嵌入	B11	当地企业协调关系时很多做法不同于市场机理
	B12	当地企业协调关系时有很多传统的处理方式
	B13	当地企业在处理生产经营中的事务时，很多做法不同于外部的商业惯例
网络密度	C11	管委会与开发公司（城投公司、物业公司）很亲密地联系
	C12	城投公司与你的公司有很亲密的联系
	C13	管委会与你的公司很亲密地联系
网络规模	D11	你觉得开发区中与你们企业有关系的企业的数量多
	D12	你觉得开发区中与你们企业有关系的中介机构的数量多
	D13	你觉得开发区中与你们企业有关系的金融机构的数量多
网络中心度	E11	你的公司对管委会非常依赖
	E12	管委会对你的公司会非常依赖
	E13	你的公司对城投公司（开发区公司、物业公司）会非常依赖

续表

测量指标	编码	测量题项
信任	F11	管委会和你的公司都对对方诚实和忠诚
	F12	管委会和你的公司等都公平地对待对方
	F13	为了招商引资的成果的成功，管委会和你的公司都愿意投入所需的资源
	F14	为了产业升级，管委会和你的公司等都愿意投入所需的资源
	F15	我们与合作伙伴都认为对方会在合作中全力投入
信息共享	G11	在招商引资的过程中，管委会和你的公司之间开诚布公，信息共享
	G12	在产业升级的过程中，管委会和你的公司信息共享
	G13	管委会和你的公司之间都诚实地提供对方需要的信息
共同解决问题	H11	管委会与你的公司共同招商引资，相互合作
	H12	管委会与你的公司共同克服开发区经营中的困难
	H13	管委会与你的公司共同克服开发区产业升级中的困难

4.5.3 治理绩效变量设置与评估体系构建

李梦玲、赵希男（1995）从开发区的五大功能（集聚、孵化、辐射、开放和示范）出发，建立了开发区的工作指标体系。陈益力、欧阳资力（1996）将开发区看作一个科技产业园区环境系统。通过对高奇虎（1997）新区的功能分析、国情分析和国际经验分析构建了一个涵盖经济、科技和环境等三方面的指标体系。齐艺莹等（1999）以 1992 ~ 1996 年开发区统计数据为依据，运用主成分分析法及序时多决策法对沿海与内陆开发区的经济效益进行了比较研究。刘希宋等（2003）从园区创新能力、园区创新环境、园区经济发展绩效、对地区经济增长的贡献以及国际化程度等方面评价了开发区的竞争力。范柏乃（2003）从技术创新投入、技术创新活动过程和技术创新产品等3个方面对开发区的技术创新能力进行了分析。张霞、王雪林（2006）从人力资本力、人力资源环境吸引力、人力资源政策激励力、人力资源投资竞争力、人力资源绩效彰显力等方面构建了我国开发区国际竞争力评价指标体系。范柏乃、房定坚（2004）从法规政策、创业文化、社会信用、行政管理、人力资源和市场条件等6个层面构建了一个包含了目标层、准则层和指标层的国家级开发区投资软环境评价系统。刘军、姚佐文（2009）从创新投入与创新产出两个方面选取开发区创新绩效的评价指标体系并对中部地区的9个国家级开发区进行了实证分析。

本书基于研究的主题和实地调研情况进行适当修正后，对开发区的治理绩效的评价由社区发展，经济发展和行政效果三个方面进行。具体的问题设置可见表4－3。

表4－3　　开发区治理绩效题项表

测量指标	编码	测量题项
社区发展	I1	园区的社会治安令人满意度
	I2	园区的教育的令人满意度
	I3	园区的卫生的令人满意度
	I4	园区的基础设施建设令人满意度
经济发展	J1	园区企业核心竞争力不断提高
	J2	园区企业之间有序竞争氛围形成
	J3	园区企业对未来发展充满信心
	J4	园区产业附加值和税收增加
	J5	园区产业向中高端方向发展
	J6	园区产业出口份额有所提高
行政效果	K1	企业对开发区管委会工作的满意度高
	K2	园区居民对开发区管委会工作的满意度高
	K3	社会团体对开发区管委会工作的满意度高

第 5 章

数字化赋能网络嵌入的开发区治理实证分析

5.1 问卷发放与回收情况概述

本书采用纸质问卷的形式发放，并在开发区现场随机调查，当场回收问卷。在 2022 年 12 月至 2024 年 11 月发放问卷 380 份，共计收回问卷 294 份，对于收回的 294 份问卷，依据以下原则剔除了无效问卷：①问卷答案有缺失项目的；②问卷中设置了反向题项，对于答案存在前后矛盾现象的；③问卷答案选择“中立”选项过多的，或者集中选择同一个答案的。删除无效问卷后，剩余有效问卷 206 份，问卷回收率为 77.36%，有效问卷回收率为 70%。本书调查的 31 个开发区的基本情况如表 5 -1 所示。

表 5 -1　　调查开发区基本情况表

名称	治理模式	级别
苏州工业园	政企混合	国家级
漕河泾新兴技术开发区	企业主导	国家级
北京经济技术开发区	政府主导	国家级

续表

名称	治理模式	级别
石家庄经济技术开发区	政府主导	国家级
杭州钱塘新区（杭州经济技术开发区）	政企混合	国家级
广州经济技术开发区	政府主导	省级
十堰经济技术开发区	政企混合	其他
苍南开发区	政府主导	其他
上海闵行经济技术开发区	政企混合	国家级
长春经济技术开发区	政府主导	国家级
宁波大榭开发区	政企混合	国家级
南通经济技术开发区	政企混合	国家级
海宁经济技术开发区	政企混合	省级
芜湖经济技术开发区	政府主导	国家级
合肥开发区	政府主导	省级
沈阳经济技术开发区	政府主导	国家级
格力工业园	企业主导	其他
中国物流合肥基地	企业主导	其他
上海浦东新区临港重装备工业园	政企混合	其他
广元经济技术开发区	企业主导	其他
四川金堂工业园区	企业主导	其他
南京经济技术开发区	政企混合	国家级
江苏无锡经济开发区	政企混合	省级
长沙经济开发区	政企混合	省级
哈尔滨国家环保科技产业园	政企混合	省级
江苏南通通州湾经济开发区	政企混合	省级
江苏江阴—靖江工业园区	政企混合	省级
杭州智慧网谷高新技术产业园	企业主导	其他

续表

名称	治理模式	级别
浙江建德经济开发区	政府主导	省级
中国京东（香河）环保产业园	企业主导	其他
杭州市星桥开发区	企业主导	其他

5.2 样本基本特征描述性统计分析

本书的206份样本从答卷人的职业、教育情况、工作年限和开发区类型、开发区所处的阶段以及开发区的大小和级别7个方面进行描述性统计。

表5-2、图5-1、图5-2、表5-3和表5-4分别是对被调查人员的职业，教育情况和工作年限业务进行的统计。如表5-2所示，占样本总数最多的选项是开发区开发（城投，物业）公司的员工，为39.8%；其次是“开发区管委会的公务人员”，为19.4%。如图5-2所示，占样本总数最多的选项是“本科”，为53.4%；其次是“专科及以下”，为22.3%。如表5-4所示，占样本总数最多的选项是“6~10年”，为34%，其次是“3~5年”，为28.2%。

表5-2　职业频率分布表

		频率	百分比	有效百分比	累计百分比
有效	A. 开发区管委会的公务人员	40	19.4	19.4	19.4
	B. 政府相关部门的公务人员	26	12.6	12.6	32.0
	C. 学术研究人员（包括硕博士研究生）	16	7.8	7.8	39.8
	D. 开发区开发（城投，物业）公司的员工	82	39.8	39.8	79.6
	E. 开发区里面的企业员工	38	18.4	18.4	98.1
	其他	4	1.9	1.9	100.0
	合计	206	100.0	100.0	

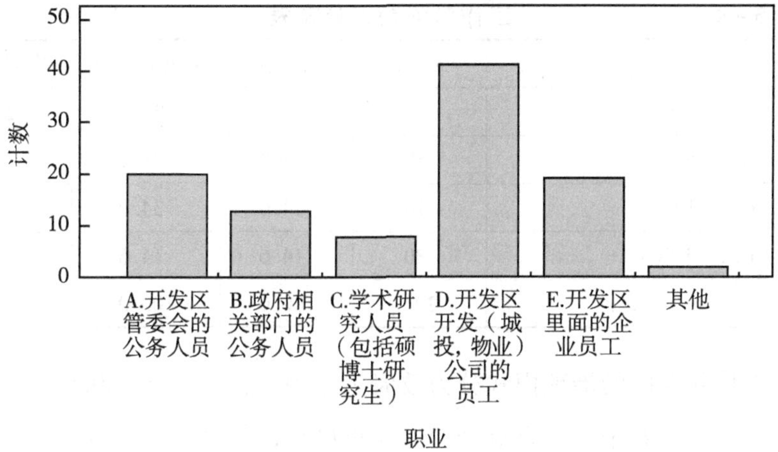

图5-1　职业分布图

表5-3　教育情况频率分布表

		频率	百分比	有效百分比	累计百分比
有效	A. 博士（及在读）	12	5.5	5.5	5.5
	B. 硕士（及在读）	38	18.4	18.4	26.2
	C. 本科	110	53.4	53.4	77.7
	D. 专科及以下	46	22.3	22.3	100.0
	合计	206	100.0	100.0	

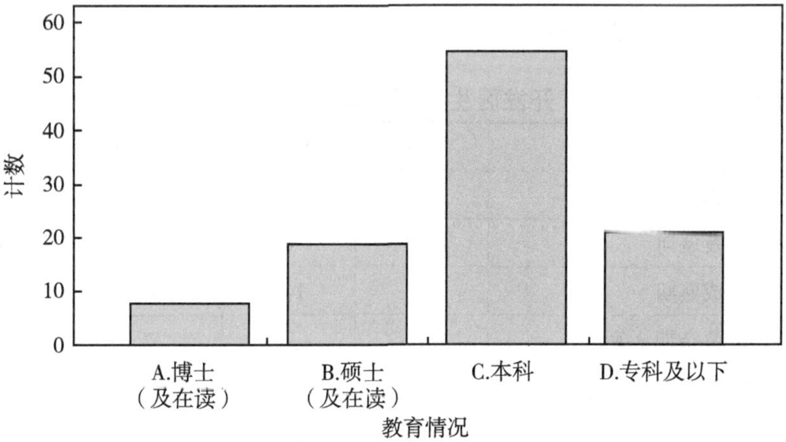

图5-2　教育情况分布图

表 5 -4　　工作年限频率分布表

		频率	百分比	有效百分比	累计百分比
有效	A. 3 年以下	48	23.3	23.3	23.3
	B. 3 ~ 5 年	58	28.2	28.2	51.5
	C. 6 ~ 10 年	70	34.0	34.0	85.4
	D. 10 年以上	30	14.6	14.6	100.0
	合计	206	100.0	100.0	

本书将开发区的治理模式分为政府主导型、企业主导型和政企混合型，在本次的调查问卷中，政企混合型的比重最高，如表 5 -5 所示。

表 5 -5　　开发区治理模式频数分布表

		频率	百分比	有效百分比	累计百分比
有效	A. 政府主导型	74	35.9	35.9	35.9
	B. 企业主导型	60	29.1	29.1	65
	C. 政企混合型	72	35	35	100.0
	合计	206	100.0	100.0	

本书将开发区分为四个阶段：创建期、发展期、成熟期和复杂期，这个复杂期根据不同的开发区的发展情况，有的实现了产业升级，有的则是进入了衰退期，见表 5 -6。

表 5 -6　　开发区生命周期频数分布表

		频率	百分比	有效百分比	累计百分比
有效	A. 创建期	6	2.9	2.9	2.9
	B. 发展期	18	8.7	8.7	11.7
	C. 成熟期	30	14.6	14.6	26.2
	D. 复杂期（衰退）	16	7.8	7.8	34.0
	E. 复杂期（转型升级）	136	66.0	66.0	100.0
	合计	206	100.0	100.0	

本书将开发区级别分为三种类型：国家级开发区、省级开发区和其他，本书中的其他表示为省级开发区级别以下的开发区，见表5－7。

表5－7　　开发区级别频数分布表

		频率	百分比	有效百分比	累计百分比
有效	A. 国家级开发区	81	39.3	39.3	68.9
	B. 省级开发区	62	30	30	90.3
	C. 其他	63	30.7	30.7	100.0
	合计	206	100.0	100.0	

表5－5、表5－6和表5－7分别是对开发区的治理模式，开发区生命周期所处的阶段，开发区规模和级别进行的统计。如表5－5所示，政府主导，企业主导和政企混合占的比重差不多，都在30%左右，如表5－6所示，占样本总数最多的选项是“复杂期”转型升级，为66%。

上述样本特征有效地对调研对象进行了描述，发现所调研的样本能较好地匹配本书的研究目的，达到了研究设计预期的结果。

5.3　信效度检验：确保研究数据的可靠性与有效性

5.3.1　信度检验

本书需要对理论研究模型的建构、数据收集以及测量工具进行信度和效度的检验。选择Cronbachs α系数当作信度的检验指标，所谓α值越高被认为测量工具的信度越好，在实际运用中，一般认为α系数超过0.70，表明测量工具的一致性较好；0.5～0.7，表明可靠性可以接受；低于0.35则应予以放弃，本书采用Cronbachs α>0.5当作信度等级的判断阈值。

各变量信度检验结果如表5－8所示。根据表5－8，环境嵌入、组织嵌入、双边嵌入开发区治理绩效Cronbachs α系数分别为0.613、0.857、

0.822、0.807，均高于判断标准0.5；因此可以认为问卷设计具有较好的架构，证明得出调查结果具有真实性和适用性。

表5-8　　　　信度分析表

变量	Cronbach's Alpha	项数
环境嵌入	0.613	7
组织嵌入	0.857	9
双边嵌入	0.822	11
开发区治理绩效	0.807	13
嵌入	0.775	27

5.3.2 效度检验

效度可分为内容效度（Content Validity）、结构效度（Construct Validity）和准则效度（Criterion Validity）三类。测量工具开发中所谓讨论的主要是内部效度和结构效度。内容效度旨在检验衡量内容的适切性，鉴于本书测量工具的设计尽可能地采用了成熟的量表，对于新开发的测量题项来自实际访谈资料且经过了专业研讨，可以认为具有较高的内容效度，则测量工具的效度检验的关键就在于结构效度。本书通过探索性因子分析、验证性因子分析来检验问卷的嵌入程度结构效度，探索性因子分析在进行探索性因子分析前，采用KMO测度与Barlett检验判断样本数据是否适合进行因子分析，并以KMO值大于0.5，Barlett检验统计值的显著性概率不大于显著性水平为适用标准。验证性因子分析采用的检验指标和标准如表5-9所示。各指标的KMO值大于0.5，Barlett检验统计值均达到评价标准，说明嵌入程度各个变量均可以进行探索性因子分析。此外，累计解释方差大于60%，说明嵌入程度各个变量的探索性因子检验通过，说明嵌入程度的部分，问卷具有较好的结构效度。具体见表5-9和表5-10。

表 5-9　　KMO 和 Bartlett 的检验

取样足够多的 Kaiser - Meyer - Olkin 度量		0.724
Bartlett 的球形度检验	近似卡方	2076.018
	df	351
	Sig.	0

表 5-10　　解释的总方差

成分	初始特征值			提取平方和载入			旋转平方和载入		
	合计	方差的%	累计%	合计	方差的%	累计%	合计	方差的%	累计%
1	10.480	38.813	38.813	10.480	38.813	38.813	8.907	32.989	32.989
2	3.992	14.786	53.599	3.992	14.786	53.599	5.467	20.247	53.236
3	1.503	7.568	61.167	1.503	5.568	59.167	1.601	5.930	59.167
4	1.343	4.973	66.139						
5	1.169	2.329	68.469						
6	1.032	3.824	72.293						
7	0.997	3.691	75.984						
8	0.822	3.043	79.026						
9	0.706	2.616	81.642						
10	0.653	2.419	84.061						
11	0.588	2.178	86.240						
12	0.529	1.958	88.198						
13	0.423	1.566	89.763						
14	0.372	1.377	91.140						
15	0.319	1.180	92.321						
16	0.299	1.109	93.430						
17	0.252	0.934	94.364						
18	0.225	0.832	95.196						
19	0.214	0.793	95.989						
20	0.200	0.740	96.729						

续表

成分	初始特征值			提取平方和载入			旋转平方和载入		
	合计	方差的%	累计%	合计	方差的%	累计%	合计	方差的%	累计%
21	0.177	0.656	97.385						
22	0.171	0.634	98.019						
23	0.148	0.547	98.566						
24	0.112	0.414	98.980						
25	0.106	0.393	99.372						
26	0.090	0.333	99.705						
27	0.080	0.295	100.000						

注：提取方法：主成分分析。

5.4 因子分析：数据降维与关键指标提取

5.4.1 提取一级指标：数据降维与关键指标提取

由表5-11可知，对于整个问卷我们提取了5个因子，5个因子共解释原有变量总方差68.6%，因此本书将这五个因子分为：数字技术赋能、环境嵌入、组织间嵌入、双边嵌入和开发区治理绩效，具体可见表5-11和表5-12。

表5-11 解释的总方差

成分	初始特征值			提取平方和载入			旋转平方和载入		
	合计	方差的%	累计%	合计	方差的%	累计%	合计	方差的%	累计%
1	13.584	33.960	33.960	13.584	33.960	33.960	13.584	33.960	33.960
2	6.691	16.728	50.688	6.691	16.728	50.688	6.691	16.728	50.688
3	2.288	11.720	61.409	2.288	11.720	61.409	2.288	11.720	61.409
4	1.684	7.211	68.619	1.684	7.211	68.619	1.684	7.211	68.619

续表

成分	初始特征值			提取平方和载入			旋转平方和载入		
	合计	方差的%	累计%	合计	方差的%	累计%	合计	方差的%	累计%
5	1.424	3.559	71.179						
6	1.292	3.229	67.408						
7	1.188	2.969	70.377						
8	1.151	2.878	73.255						
9	1.093	2.731	75.987						
10	0.986	2.466	78.452						
11	0.953	2.382	80.834						
12	0.821	2.054	82.888						
13	0.713	1.783	84.671						
14	0.621	1.553	86.224						
15	0.569	1.424	87.648						
16	0.515	1.288	88.935						
17	0.495	1.238	90.173						
18	0.421	1.054	91.227						
19	0.379	0.947	92.173						
20	0.330	0.825	92.999						
21	0.284	0.710	93.709						
22	0.261	0.652	94.361						
23	0.252	0.630	94.991						
24	0.240	0.600	95.591						
25	0.220	0.550	96.141						
26	0.208	0.521	96.662						
27	0.190	0.476	97.138						
28	0.175	0.437	97.576						
29	0.146	0.365	97.941						

续表

成分	初始特征值			提取平方和载入			旋转平方和载入		
	合计	方差的%	累计%	合计	方差的%	累计%	合计	方差的%	累计%
30	0.134	0.336	98.277						
31	0.111	0.277	98.554						
32	0.106	0.265	98.819						
33	0.105	0.263	99.082						
34	0.090	0.226	99.308						
35	0.079	0.198	99.506						
36	0.071	0.177	99.683						
37	0.057	0.143	99.827						
38	0.055	0.137	99.963						
39	0.012	0.031	99.995						
40	0.002	0.005	100.000						

注：提取方法：主成分分析。

表5-12　　旋转成分矩阵[a]

	成分					
	1	2	3	4	5	
开发区内部署智能交通系统，包括智能交通信号灯、电子监控和智能停车系统	0.708					数字技术赋能
开发区内建立数据中心和云计算平台，为大数据分析和存储提供支持	0.678					
我能够通过园区的各类数字化信息寻找各种资源	0.820					
开发区通过数字技术改革了行政流程，我们办事更方便了	0.591					

续表

	成分					
	1	2	3	4	5	
我通过开发区构建的数字化的协同治理框架，和区内不同企业间合作更方便了	0.843					数字技术赋能
我们公司（或政府）的管理层级变得更扁平了	0.763					
我能够通过各类数字化信息平台来建言献策	0.930					
开发区通过智能监控和分析系统，我觉得园区更安全了	0.768					
开发区利用智能技术，为我们提供个性化的政策咨询和业务指导	0.837					
开发区利用智能技术，为我们提供个性化业务指导	0.817					
我们当地政府有支持开发区发展的政策				0.536		环境嵌入
我们当地政府为开发区开通了绿色通道，简化了开发区的办事手续				0.521		
我们当地政府为开发区引进人才提供支持				0.603		
我们当地政府为开发区引进项目提供资源				0.518		
当地企业协调关系时很多做法市场机理相同				0.492		
当地企业协调关系时有没有很多传统的处理方式				0.797		
当地企业在处理生产经营中的事务时，很多做法与外部的商业惯例相同				0.659		

续表

	成分					
	1	2	3	4	5	
管委会与开发公司（城投公司、物业公司）很亲密地联系		0.880				组织嵌入
城投公司（开发公司、物业公司）与开发区里的公司有很亲密的联系		0.734				
管委会与开发区里的公司很亲密地联系		0.905				
你觉得开发区中与你们企业有关系的企业的数量多		0.838				
你觉得开发区中你们企业有关系的中介机构的数量多		0.482				
你觉得开发区中你们企业有关系的金融机构的数量多		0.892				
你的公司对城投公司非常依赖		0.904				
你的公司对管委会会非常依赖		0.894				
管委会对你的公司非常依赖		0.407				
管委会和你的公司都对对方诚实和忠诚			0.865			双边嵌入
管委会和你的公司都公平地对待对方			0.593			
为了招商引资的成果的成功，管委会和你的公司等都愿意投入所需的资源			0.487			
为了产业升级，管委会和你的公司都愿意投入所需的资源			0.591			
我们与合作伙伴都认为对方会在合作中全力投入			0.669			

续表

	成分					
	1	2	3	4	5	
在招商引资的过程中，管委会和你的公司之间开诚布公，信息共享			0.627			双边嵌入
在产业升级的过程中，管委会和你的公司之间开诚布公，信息共享			0.649			
管委会和你的公司之间都诚实地提供对方需要的信息			0.716			
管委会与你的公司共同招商引资，相互合作			0.707			
管委会与你的公司共同克服开发区经营中的困难			0.761			
管委会与你的公司共同克服开发区产业升级中的困难			0.761			
园区的社会治安令人满意度					0.608	治理绩效
园区的教育令人满意度					0.675	
园区的卫生令人满意度					0.720	
园区的基础设施建设令人满意度					0.581	
企业核心竞争力不断提高					0.863	
企业之间有序竞争氛围形成					0.663	
企业对未来发展充满信心					0.910	
产业附加值和税收增加					0.758	
产业向中高端方向发展					0.937	
产业链出口份额有所提高					0.767	
企业对开发区管委会工作的满意度					0.473	

续表

	成分					
	1	2	3	4	5	
园区居民对开发区管委会工作的满意度					0.609	治理绩效
社会团体对开发区管委会工作的满意度					0.738	

注：（1）提取方法：主成分。
（2）旋转法：具有 Kaiser 标准化的正交旋转法。
（3）a. 旋转在 6 次迭代后收敛。

5.4.2 对数字技术赋能指标提取公因子：挖掘关键技术因素

在确认指标后，通过 KMO 和巴特利特检验判断数据是否适合进行因子分析。KMO 取样适切性量数在 0.7 以上时效果比较好，从表 5－13 的结果中可知 KMO 值为 0.908，大于 0.7，满足因子分析的前提要求。

表 5－13 KMO 和 Bartlett 的检验

取样足够多的 Kaiser－Meyer－Olkin 度量		0.908
Bartlett 的球形度检验	近似卡方	748.580
	df	55
	Sig.	0

由表 5－14 可知，对数字技术赋能变量我们提取了 3 个因子，3 个因子共解释原有变量总方差 83.5%，因此本书将这三个因子分为：工具化、结构化和智能化。因此进一步进行定量分析，我们分别计算两部分 10 项指标的得分均值及因子载荷权重，见表 5－15。

表5-14 解释的总方差

成分	初始特征值			提取平方和载入			旋转平方和载入		
	合计	方差的%	累积%	合计	方差的%	累积%	合计	方差的%	累积%
1	6.295	57.230	67.230	6.295	57.230	57.230	4.404	40.037	40.037
2	1.085	9.864	77.094	1.085	9.864	67.094	2.685	24.405	64.442
3	0.810	7.364	83.458	0.810	7.364	74.458	1.102	10.016	74.458
4	0.705	6.412	85.870						
5	0.566	5.147	87.017						
6	0.412	3.742	89.759						
7	0.307	2.792	93.551						
8	0.261	2.374	95.926						
9	0.201	1.830	97.756						
10	0.196	1.783	99.539						
11	0.161	1.461	100.000						

注：提取方法：主成分分析。

表5-15 旋转成分矩阵[a]

	成分			
	1	2	3	
开发区内部署智能交通系统，包括智能交通信号灯、电子监控和智能停车系统			0.875	工具化
开发区内建立数据中心和云计算平台，为大数据分析和存储提供支持			0.972	
我能够通过园区的各类数字化信息寻找各种资源			0.775	

续表

	成分			
	1	2	3	
开发区通过数字技术改革了行政流程，我们办事更方便了		0.748		结构化
我通过开发区构建的数字化的协同治理框架，和区内不同企业间合作更方便了		0.758		
我们公司（或政府）的管理层级变得更扁平了		0.679		
我能够通过各类数字化信息平台来建言献策		0.735		
开发区通过智能监控和分析系统，我觉得园区更安全了	0.708			智能化
开发区利用智能技术，为我们提供个性化的政策咨询和业务指导	0.770			
开发区利用智能技术，为我们提供个性化业务指导	0.849			

注：a. 旋转在5次迭代后收敛。

从表5－16可以看出问卷中的11个题项的均值大于3，说明数字化赋能水平较高。

表5－16　描述性统计表

	均值	
	统计量	标准误
开发区内部署智能交通系统，包括智能交通信号灯、电子监控和智能停车系统	4.14	0.131
开发区内建立数据中心和云计算平台，为大数据分析和存储提供支持	2.19	0.068
我能够通过园区的各类数字化信息寻找各种资源	3.51	0.125

续表

	均值	
	统计量	标准误
开发区通过数字技术改革了行政流程，我们办事更方便了	3. 69	0. 141
我通过开发区构建的数字化的协同治理框架，和区内不同企业间合作更方便了	2. 49	0. 108
我们公司（或政府）的管理层级变得更扁平了	2. 97	0. 104
我能够通过各类数字化信息平台来建言献策	3. 06	0. 102
开发区通过智能监控和分析系统，我觉得园区更安全了	4. 58	0. 138
开发区利用智能技术，为我们提供个性化的政策咨询和业务指导	3. 03	0. 148
开发区利用智能技术，为我们提供个性化业务指导	2. 88	0. 133
有效地 N（列表状态）		

5. 4. 3　对网络嵌入指标提取公因子：解析关键嵌入因素

5. 4. 3. 1　对环境嵌入提取公因子

本书运用 SPSS22. 0 软件首先对环境嵌入的指标进行效度分析，KMO 取样适切性量数在 0. 7 以上时效果比较好，从表 5 – 17 的结果中可知 KMO 值为 0. 841，大于 0. 7，满足因子分析的前提要求。在此基础上，本书对统计而得的样本数据进行因子分析。为区别不同的三级指标对环境嵌入的影响程度大小，筛选出对总指标有显著影响的因子。本书在提取初始因子时采取主成分分析法，初始因子载荷矩阵由于因子在原变量的载荷值差别不大，故不利于解释它们的含义，因此需要通过因子旋转，因子分析中的旋转方法我们在此选择正交旋转。通过 KMO 和巴特利特检验判断数据是否适合进行因子分析。本书对环境嵌入指标的 7 个题项计算所得方差累计贡献率如表 5 – 17 所示。

表 5 - 17　　KMO 和 Bartlett 的检验

取样足够多的 Kaiser - Meyer - Olkin 度量		0.841
Bartlett 的球形度检验	近似卡方	812.750
	df	36
	Sig.	0

表 5 - 18　　解释的总方差

成分	初始特征值			提取平方和载入			旋转平方和载入		
	合计	方差的%	累积%	合计	方差的%	累积%	合计	方差的%	累积%
1	1.563	22.327	22.327	1.563	22.327	22.327	1.541	22.020	22.020
2	1.392	19.887	42.214	1.392	19.887	42.214	1.382	19.747	41.766
3	1.079	19.408	61.623	1.079	15.408	57.623	1.110	15.856	57.623
4	1.009	10.414	72.037						
5	0.733	10.466	82.503						
6	0.674	9.624	92.127						
7	0.551	7.873	100.000						

注：提取方法：主成分分析。

由表 5 - 18 可知，对应环境嵌入变量我们提取了 3 个主成分，3 个因子共解释原有变量总方差 61.6%，总体上原有变量的信息丢失较少，因此因子分析的效果较为理想。旋转正交因子系数如表 5 - 19 所示。

表 5 - 19　　旋转正交因子系数表

	成分			名称
	1	2	3	
我们当地政府有支持开发区发展的政策			0.785	政策嵌入
我们当地政府为开发区开通了绿色通道，简化了开发区的办事手续			0.685	

续表

	成分			名称
	1	2	3	
我们当地政府为开发区引进人才提供支持		0.814		资源嵌入
我们当地政府为开发区引进项目提供资源		0.720		
当地企业协调关系时很多做法市场机理相同	0.779			文化嵌入
当地企业协调关系时有没有很多传统的处理方式	0.684			
当地企业在处理生产经营中的事务时，很多做法与外部的商业惯例相同	0.645			

注：（1）提取方法：主成分。
（2）旋转法：具有 Kaiser 标准化的正交旋转法。

在问卷设计时，将指标环境嵌入分为两个二级指标：制度嵌入和文化嵌入，但是由表 5－19 可以知道制度嵌入的因素可分为 3 个因子，因此本书将这三个因子分为：政策嵌入因子、资源嵌入因子、文化嵌入因子。因此进一步进行定量分析，我们分别计算两部分 7 项指标的得分均值及因子载荷权重，如表 5－20 所示。

表 5－20　　描述性分析表

	均值	
	统计量	标准误
我们当地政府有支持开发区发展的政策	4.73	0.069
我们当地政府为开发区开通了绿色通道，简化了开发区的办事手续	4.62	0.063
我们当地政府为开发区引进人才提供支持	4.15	0.081
我们当地政府为开发区引进项目提供资源	4.26	0.089
当地企业协调关系时很多做法市场机理相同	4.52	0.066
当地企业协调关系时有没有很多传统的处理方式	4.50	0.077
当地企业在处理生产经营中的事务时，很多做法与外部的商业惯例相同	4.36	0.072
有效地 N（列表状态）		

从表5－20可以看出问卷中的7个题项的均值都大于4，说明环境嵌入程度较高。

5.4.3.2　对组织间嵌入指标提取公因子

在确认指标后，通过KMO和巴特利特检验判断数据是否适合进行因子分析。KMO取样适切性量数在0.7以上时效果比较好，从表5－21的结果中可知KMO值为0.882，大于0.7，满足因子分析的前提要求。

表5－21　　KMO和Bartlett的检验

取样足够多的 Kaiser－Meyer－Olkin 度量		0.882
Bartlett 的球形度检验	近似卡方	812.750
	df	36
	Sig.	0

表5－22　　解释的总方差

成分	初始特征值			提取平方和载入			旋转平方和载入		
	合计	方差的%	累积%	合计	方差的%	累积%	合计	方差的%	累积%
1	4.983	55.372	55.372	4.983	55.372	55.372	4.976	55.291	55.291
2	2.429	26.989	82.361	2.429	26.989	82.361	2.428	26.979	82.271
3	0.358	3.980	86.341	0.358	3.980	86.341	0.366	4.070	86.341
4	0.296	3.286	89.627						
5	0.267	2.966	92.593						
6	0.203	2.254	94.846						
7	0.173	1.918	96.764						
8	0.151	1.679	98.444						
9	0.140	1.556	100.000						

注：提取方法：主成分分析。

由表5－22可知，对应组织间嵌入变量我们提取了3个因子，3个因子共解释原有变量总方差86.3%，因此本书将这两个因子分为：网络密度、网络规模和网络中心度。进一步进行定量分析，我们分别计算两部分 9 项指标的得分均值及因子载荷权重，如表 5－23 所示。

表 5－23　旋转成分矩阵[a]

	成分			名称
	1	2	3	
管委会与开发公司（城投公司、物业公司）很亲密地联系	0.906			网络密度
城投公司你的公司有很亲密的联系	0.825			
管委会与你的公司很亲密地联系	0.916			
你觉得开发区中与你们企业有关系的企业的数量多		0.718		网络规模
你觉得开发区中与你们企业有关系的中介机构的数量多		0.888		
你觉得开发区中与你们企业有关系的金融机构的数量多		0.622		
你的公司对管委会非常依赖			0.858	网络中心度
管委会对你的公司会非常依赖			0.771	
你的公司对城投公司（开发区公司、物业公司）会非常依赖			0.611	

注：a. 旋转在 3 次迭代后收敛。

表 5－24　描述性分析表

	均值	
	统计量	标准误
管委会与开发公司（城投公司、物业公司）很亲密地联系	3.60	0.124
城投公司与你的公司有很亲密的联系	3.66	0.112
管委会与你的公司很亲密地联系	3.27	0.149
你觉得开发区中与你们企业有关系的企业的数量多	3.37	0.096

续表

	均值	
	统计量	标准误
你觉得开发区中与你们企业有关系的中介机构的数量多	3.57	0.125
你觉得开发区中与你们企业有关系的金融机构的数量多	3.63	0.129
你的公司对管委会非常依赖	3.16	0.138
管委会对你的公司会非常依赖	3.37	0.147
你的公司对城投公司（开发区公司、物业公司）会非常依赖	3.22	0.132

从表5－24可以看出问卷中的9个题项的均值都大于3，说明组织嵌入程度较一般。

5.4.3.3 对双边嵌入指标提取公因子

在确认指标后，通过KMO和巴特利特检验判断数据是否适合进行因子分析。KMO取样适切性量数在0.7以上时效果比较好，从表5－25的结果中可知KMO值为0.908，大于0.7，满足因子分析的前提要求。

表5－25　KMO和Bartlett的检验

取样足够多的 Kaiser－Meyer－Olkin 度量		0.908
Bartlett 的球形度检验	近似卡方	748.580
	df	55
	Sig.	0

表5－26　解释的总方差

成分	初始特征值			提取平方和载入			旋转平方和载入		
	合计	方差的%	累积%	合计	方差的%	累积%	合计	方差的%	累积%
1	6.295	57.230	57.230	6.295	57.230	57.230	4.404	40.037	40.037
2	1.085	9.864	67.094	1.085	9.864	67.094	2.685	24.405	64.442

续表

成分	初始特征值			提取平方和载入			旋转平方和载入		
	合计	方差的%	累积%	合计	方差的%	累积%	合计	方差的%	累积%
3	0.810	7.364	74.458	0.810	7.364	74.458	1.102	10.016	74.458
4	0.705	6.412	80.870						
5	0.566	5.147	86.017						
6	0.412	3.742	89.759						
7	0.307	2.792	92.551						
8	0.261	2.374	94.926						
9	0.201	1.830	96.756						
10	0.196	1.783	98.539						
11	0.161	1.461	100.000						

注：提取方法：主成分分析。

由表 5 - 26 可知，对应组织嵌入变量我们提取了 3 个因子，3 个因子共解释原有变量总方差 74.4%，因此本书将这三个因子分为：信任、资源信息共享和共同解决问题。因此进一步进行定量分析，我们分别计算两部分 12 项指标的得分均值及因子载荷权重，如表 5 - 27 所示。

表 5 - 27　　旋转成分矩阵[a]

	成分			
	1	2	3	
管委会和你的公司都对对方诚实和忠诚			0.875	信任
管委会和你的公司等都公平地对待对方			0.972	
为了招商引资的成果的成功，管委会和你的公司都愿意投入所需的资源		0.675		资源信息共享
为了产业升级，管委会和你的公司等都愿意投入所需的资源		0.748		

续表

	成分			
	1	2	3	
我们与合作伙伴都认为对方会在合作中全力投入		0.758		资源信息共享
在招商引资的过程中，管委会和你的公司之间开诚布公，信息共享		0.679		
在产业升级的过程中，管委会和你的公司信息共享		0.735		
管委会和你的公司之间都诚实地提供对方需要的信息		0.693		
管委会与你的公司共同招商引资，相互合作	0.708			共同解决问题
管委会与你的公司共同克服开发区经营中的困难	0.770			
管委会与你的公司共同克服开发区产业升级中的困难	0.849			

注：a. 旋转在5次迭代后收敛。

表5-28　　　　描述性统计表

	均值	
	统计量	标准误
管委会和你的公司都对对方诚实和忠诚	3.14	0.131
管委会和你的公司等都公平地对待对方	4.19	0.068
为了招商引资的成果的成功，管委会和你的公司都愿意投入所需的资源	2.51	0.125
为了产业升级，管委会和你的公司等都愿意投入所需的资源	2.69	0.141
我们与合作伙伴都认为对方会在合作中全力投入	2.49	0.108
在招商引资的过程中，管委会和你的公司之间开诚布公，信息共享	2.97	0.104
在产业升级的过程中，管委会和你的公司信息共享	3.06	0.102
管委会和你的公司之间都诚实地提供对方需要的信息	2.98	0.138

续表

	均值	
	统计量	标准误
管委会与你的公司共同招商引资，相互合作	3.03	0.148
管委会与你的公司共同克服开发区经营中的困难	2.88	0.133
管委会与你的公司共同克服开发区产业升级中的困难	2.56	0.107
有效地 N（列表状态）		

从表 5－28 可以看出问卷中的 11 个题项的均值大多小于 3，说明环境嵌入程度较差。

5.4.4 对开发区治理绩效指标提取公因子：解析关键嵌入因素

本书通过探索性因子分析、验证性因子分析来检验问卷的开发区治理绩效结构效度，在进行探索性因子分析前，采用 KMO 测度与 Barlett 检验判断样本数据是否适合进行因子分析，并以 KMO 值大于 0.5，Barlett 检验统计值的显著性概率不大于显著性水平为适用标准。验证性因子分析采用的检验指标和标准如表 5－29 所示。说明开发区治理绩效的各个变量均可以进行探索性因子分析。此外，累计解释方差均大于 60%，说明开发区治理绩效的各个变量的探索性因子检验通过，说明开发区治理绩效的部分，问卷具有较好的结构效度。对开发区的治理绩效进行信度分析。

表 5－29　KMO 和 Bartlett 的检验

取样足够多的 Kaiser－Meyer－Olkin 度量		0.706
Bartlett 的球形度检验	近似卡方	1334.507
	df	78
	Sig.	0

表 5-30　　解释的总方差

成分	初始特征值			提取平方和载入			旋转平方和载入		
	合计	方差的%	累积%	合计	方差的%	累积%	合计	方差的%	累积%
1	5.362	41.246	41.246	5.362	41.246	41.246	5.327	40.977	40.977
2	2.261	17.394	58.640	2.261	17.394	58.640	2.285	17.575	58.552
3	1.401	10.774	69.414	1.401	10.774	69.414	1.412	10.862	69.414
4	1.046	8.045	77.458						
5	0.966	7.433	84.891						
6	0.651	5.006	89.898						
7	0.418	3.215	93.113						
8	0.368	2.827	95.940						
9	0.214	1.649	97.589						
10	0.160	1.229	98.818						
11	0.112	0.859	99.677						
12	0.038	0.291	99.968						
13	0.004	0.032	100.000						

注：提取方法：主成分分析。

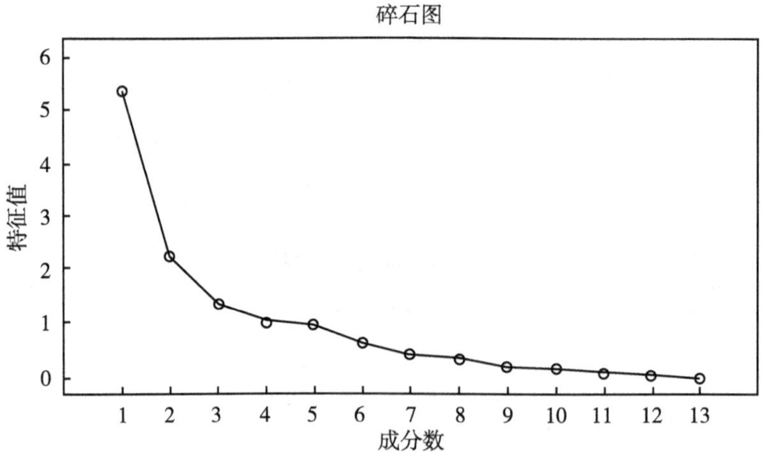

图 5-3　碎石图

表 5-31　旋转成分矩阵[a]

	成分			
	1	2	3	
园区的社会治安令人满意度			0.756	社区发展
园区的教育的令人满意度			0.508	
园区的卫生的令人满意度			0.747	
园区的基础设施建设令人满意度			0.750	
企业核心竞争力不断提高	0.884			经济发展
企业之间有序竞争氛围形成	0.698			
企业对未来发展充满信心	0.959			
产业附加值和税收增加	0.888			
产业向中高端方向发展	0.968			
产业链出口份额有所提高	0.887			
企业对开发区管委会工作的满意度高		0.882		行政效果
园区居民对开发区管委会工作的满意度高		0.555		
社会团体对开发区管委会工作的满意度高		0.398		

注：a. 旋转在 4 次迭代后收敛。

表 5-32　描述统计量

	统计量	
	均值	标准误
园区的社会治安令人满意度	4.81	0.031
园区的教育的令人满意度	3.81	0.055
园区的卫生的令人满意度	4.29	0.093
园区的基础设施建设令人满意度	4.51	0.044
企业核心竞争力不断提高	3.17	0.083
企业之间有序竞争氛围形成	3.03	0.058
企业对未来发展充满信心	3.23	0.119
产业附加值和税收增加	3.35	0.071

续表

	统计量	
	均值	标准误
产业向中高端方向发展	3.53	0.075
产业链出口份额有所提高	3.50	0.073
企业对开发区管委会工作的满意度高	4.00	0.048
园区居民对开发区管委会工作的满意度高	4.08	0.061
社会团体对开发区管委会工作的满意度高	4.18	0.083
有效地 N（列表状态）		

从表 5－32 可知，园区的社会治安的分值最高达到 4.81，说明改革开放多年来，治安情况越来越好。园区的卫生和基础设施的分值分别是 4.29，4.51，这三项说明各个园区在该方面成效良好。教育的得分在 3.81，说明开发区通过多年的努力，教育效果令人满意。但是经济发展情况就不容乐观了，企业的竞争力、出口份额、税收情况等的分值均为 3 分多一点，说明被调查对象对经济的前景看法较中性，可能受到三年疫情的影响，现在的经济形势不容乐观。另外从行政效果来看，企业、居民和社会团体对管委会的工作满意程度都在 4 分以上，说明满意程度较高。

5.5 数字技术赋能对开发区治理绩效影响机理研究

5.5.1 数字技术赋能和治理绩效的相关关系

本书采用 SPSS 26.0 对研究变量进行相关分析，以验证变量之间存有关联与否、哪种关联和关联水平。相关分析利用相关系数来体现变量之间的关联方向与水平，并且本书采用 Pearson（皮尔逊）相关系数进行分析。

为了判断其显著性水平，我们采用了双尾检验。Pearson 相关系数的范围介于 -1 ~ 1，若其值为正则表明二者存在正相关关系，反之则意味着双方呈负向关系。

本书旨在考察自变量（数字技术赋能）与因变量（开发区治理绩效）之间的相关性，以此判断研究模型假设的合理水平。

表 5-33　　相关性

		工具化	结构化	智能化	治理绩效
工具化	Pearson 相关性	1			
	显著性（双侧）				
结构化	Pearson 相关性	0	1		
	显著性（双侧）	1.000			
智能化	Pearson 相关性	0	0	1	
	显著性（双侧）	1.000	1.000		
治理绩效	Pearson 相关性	0.724**	0.432**	0.412**	1
	显著性（双侧）	0.012	0.015	0	

注：** 表示在 0.01 水平（双侧）上显著相关。

由表 5-33 可知，首先，在 0.01 的标准上，3 个自变量间相关系数为 0，三个自变量与应变量都有显著相关，工具化、结构化、智能化分别同开发区治理绩效保持显著的正相关关系，相关系数依次为 0.724、0.432、0.412。

5.5.2　不同类型开发区的数字技术赋能差异比较

本书将开发区的治理模式、开发区生命周期和开发区规模对开发区的数字技术赋能进行单因素方差分析，由于问卷设计中嵌入特征的题目包含了三个方面：工具化、结构化和智能化。为了确保数据的可靠性和数据的严谨性，本书在各变量与满意度进行单因素方差分析前，对每个变量均进行了方差齐性检验，按照统计学分析方法规定，进行单因素方差分析的数据如果方差齐性（$p>0.05$），可以用 ANOVA 检验结果对数据进行单因素方差分析，如果方差不齐（$p<0.05$），则用韦尔奇和布朗—福赛斯检验结果对数据进行单因素方差分析，并且本书将单因素方差分析检验水平 α 的置信区间设置为95%，即变量的检验水平 $\alpha<0.05$ 代表通过显著性检验，对变量进行保留，准备下一步的检测，$\alpha>0.05$ 代表未通过显著性检验，对变量进行剔除，不再进行下一轮的方差分析。

5.5.2.1 不同开发区治理模式的数字技术赋能

方差分析：

受不同因素的影响，不同开发区的嵌入特征有差异，本书通过开发区的治理模式；政府主导，企业主导和政企混合这三种模式对开发区的嵌入特征进行单因素方差分析。如表 5－34 所示，工具化、结构化和智能化在方差齐性检验中 p 大于0.05，说明不同开发区的治理模式在工具化、结构化和智能化的特征方面差异性不大。

表 5－34　　单因素方差分析

		平方和	df	均方	F	显著性
工具化	组间	90.509	2	45.254	0.816	0.676
	组内	11.491	100	0.115		
	总数	102.000	102			
结构化	组间	69.325	2	34.662	106.081	0.030
	组内	32.675	100	0.327		
	总数	102.000	102			
智能化	组间	0.797	2	0.399	294.823	0
	组内	101.203	100	1.012		
	总数	102.000	102			

5.5.2.2　不同开发区生命周期的数字技术赋能

方差分析：

本书通过单因素方差分析对开发区不同生命周期阶段（创建期、发展期、成熟期和复杂期）的数字技术赋能进行了研究，旨在探究工具化、结构化和智能化三个维度在不同生命周期的差异性。分析结果显示，工具化、结构化和智能化在方差齐性检验中的 p 值分别为 0.048、0 和 0.007。其中，工具化的 p 值略小于 0.05，而结构化和智能化的 p 值均小于 0.05，这表明不同生命周期阶段的开发区在工具化、结构化和智能化方面的差异性显著，见表 5－35。

表 5－35　　　　单因素方差分析

		平方和	df	均方	F	显著性
工具化	组间	8.893	4	2.223	2.340	0.048
	组内	93.107	98	0.950		
	总数	102.000	102			
结构化	组间	30.716	4	7.679	10.557	0
	组内	71.284	98	0.727		
	总数	102.000	102			
智能化	组间	4.032	4	1.008	10.008	0.007
	组内	97.968	98	1.000		
	总数	102.000	102			

具体而言，工具化维度的 p 值为 0.048，接近但略高于 0.05 的显著性水平，这可能暗示在不同生命周期阶段，开发区对数字技术工具（如智能交通系统、数据中心等）的应用存在一定的差异，但这种差异的显著性相对较弱。相比之下，结构化和智能化维度的 p 值分别为 0 和 0.007，远低于 0.05 的显著性水平，表明在这些维度上，不同生命周期阶段的开发区之间存在显著的差异。这意味着随着开发区从创建期向成熟期和复杂期过渡，

其在结构化（如组织间协同、治理框架优化）和智能化（如智能监控、个性化服务）方面的应用和需求呈现出明显的阶段性特征。

这种差异性反映了开发区在不同生命周期阶段对数字技术赋能的不同需求和应用效果。例如，在创建期和发展期，开发区可能更注重基础设施建设，如智能交通系统和数据中心的建设，这些工具化应用的得分相对较高。然而，随着开发区进入成熟期和复杂期，对更高层次的数字化应用需求增加，如智能化的政策咨询和企业间的协同合作，但这些领域的得分相对较低。

此外，这种差异性还可能与开发区在不同生命周期阶段面临的外部环境和内部组织结构变化有关。例如，表明外部环境因素对开发区数字化转型的影响存在一定的不确定性，可能受到区域数字经济发展不平衡性的影响。组织内部和组织间的数字化应用中，开发区的差异性更为明显，这可能与开发区在发展过程中逐渐形成的复杂网络关系和治理结构有关。

综上所述，单因素方差分析结果揭示了开发区在不同生命周期阶段的数字技术赋能存在显著差异。

5.5.2.3 不同开发区级别的数字技术赋能

本书将开发区的级别分为国家级、省级及其他级别，并通过单因素方差分析对不同级别开发区的嵌入特征进行了研究，重点关注工具化、结构化和智能化三个维度。分析结果显示，工具化、结构化和智能化的 p 值均小于 0.05，这表明不同级别开发区在这些维度上存在显著差异，见表 5-36。

表 5-36　　单因素方差分析

		平方和	df	均方	F	显著性
工具化	组间	9.844	2	4.922	5.341	0.006
	组内	92.156	100	0.922		
	总数	102.000	102			

续表

		平方和	df	均方	F	显著性
结构化	组间	32.652	2	16.326	23.542	0
	组内	69.348	100	0.693		
	总数	102.000	102			
智能化	组间	7.993	2	3.997	4.251	0.017
	组内	94.007	100	0.940		
	总数	102.000	102			

具体而言，工具化维度的p值小于0.05，说明国家级、省级及其他级别开发区在数字技术工具的应用上存在显著差异。例如，国家级开发区可能在智能交通系统和数据中心建设等工具化应用方面表现更为突出，而省级及其他开发区则可能在这些方面的投入和应用效果上相对较弱。

在结构化维度上，p值同样小于0.05，表明不同级别开发区在组织间协同和治理框架优化等方面存在显著差异。国家级开发区由于政策支持和资源集中，可能在结构化应用上更具优势，而省级及其他开发区可能因资源限制而进展较慢。

对于智能化维度，p值略小于0.05，进一步说明不同级别开发区在智能化应用上的差异较为明显。智能化应用包括智能监控、个性化服务等，国家级开发区在这些领域的应用可能更为成熟，而省级及其他开发区则可能面临技术基础薄弱和资金投入不足的挑战。

综上所述，单因素方差分析揭示了不同级别开发区在数字技术赋能方面的显著差异，提示政策制定者和管理者需要根据开发区的具体级别和特征，有针对性地推进数字化转型，以提升治理绩效和竞争力。

5.5.3 数字技术赋能对开发区治理绩效的影响机理研究

基于协方差矩阵的分析变量之间关系的方法有许多，其中结构方程模型（Structural Equation Modeling，SEM）是一种常用的多元数据分析工具。相较于回归模型，结构方程模型不仅可以表示潜变量和观测变量之间的关系，还可以表达潜变量之间的关联，这有助于满足日益复杂的社会科学研究要求。此外，结构方程模型允许考虑测量误差，能够提高参数估计的精度等优点。国内 SEM 方法研究最早见于张建平（1993）对 SEM 的评价文章。侯杰泰等（2004）出版国内第一本 SEM 专著大大推动了 SEM 在国内的传播和应用。很多无法直接测量的变量，例如智力、行为动机和使用意愿等，只能通过一些外显指标间接测量。传统的统计方法已经无法胜任这种任务，而结构方程模型则能够同时处理潜变量及其指标。结构方程模型常用于验证性因子分析、高阶因子分析、路径及因果分析、多时段设计、单形模型及多组比较等。目前，SPSS、LISREL 等软件均可用于结构方程模型的分析。结构方程模型可分为测量模型和结构模型，其中测量模型描述指标和潜变量之间的关系，而结构模型描述潜变量之间的关系。结构方程模型的特点包括：（1）能同时处理多个因变量；（2）允许自变量和因变量包含测量误差；（3）能同时估计因子结构和因子关系；（4）允许更大弹性的测量模型；（5）能够估计整个模型的拟合程度。在本书中，主要用于探索数字赋能开发区治理的相关维度对于治理绩效提升的显著性程度。

验证性因子分析是一种基于协方差矩阵的统计分析方法，主要用于分析各变量之间的关系。本书将在之前描述性统计和信效度分析的基础上使用结构方程模型来验证本书的理论假设，以进一步探究各变量之间的关系。因此，本书将使用 Amos 对所构建的理论模型进行拟合度检验和路径影响分析。

数字赋能与社区治理效能关系结构方程模型如图 5 – 4 所示，通过 Amos 26.0 软件建立的本书结构方程模型主要涵盖工具化、结构化、智能化、社区发展、经济发展、行政效果等变量。其中，包含 3 个外生潜变量（工具化、结构化、智能化），由 11 个外生显变量（z1 ~ z11）测量；3 个内生潜变量（社区发展、经济发展、行政效果），由 15 个内生显变量（I1 ~ I4、

J1～J6、K1～K3）测量。潜在变量以椭圆形式呈现，需借助观察变量间接测量，例如工具化通过观察变量 z1～z4 间接测量。单向箭头表示各潜在变量间的假设影响关系，如工具化对社区发展的影响。图中数字可能为路径系数、相关系数或权重值等，用以表示变量间影响或关联的程度及方向。例如，工具化与社区发展间箭头旁的数字 89，可能反映了工具化对社区发展影响的强度等相关信息，具体含义需结合研究背景及相关说明来准确解读。此模型有助于深入探究数据技术赋能对开发区治理绩效的影响机制，为进一步的研究和实践提供理论框架和分析依据。

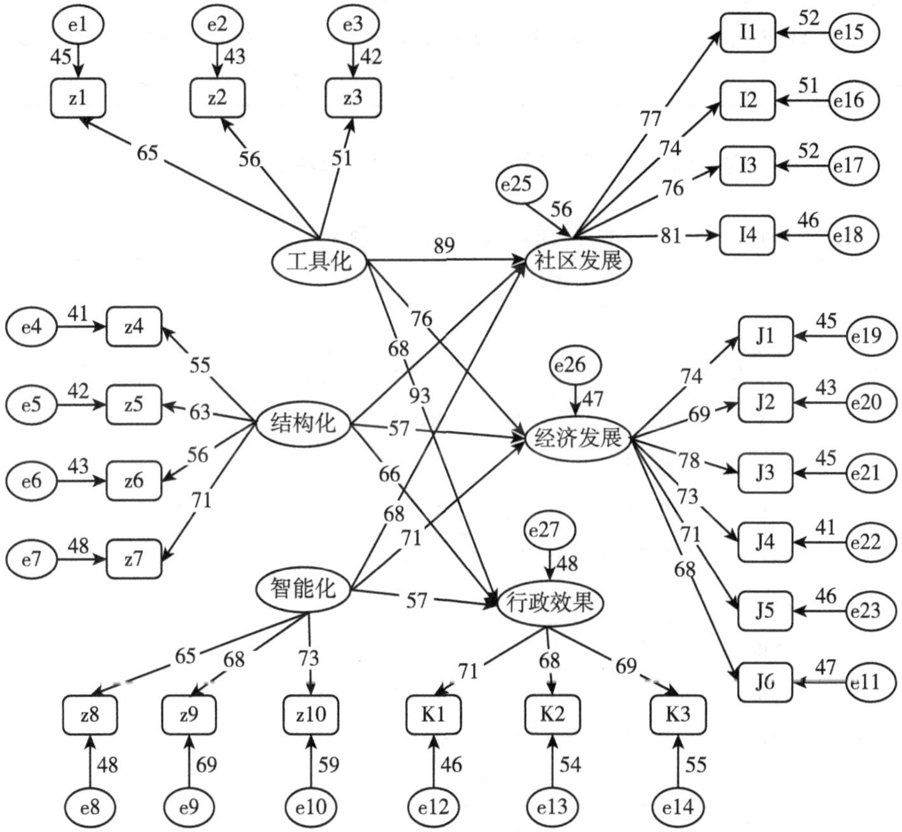

图 5－4　数字赋能与社区治理效能关系结构方程

进一步分析其各项拟合指标指数，得到表 5－37 经修正模型拟合指标指数：

表 5－37　　经修正模型拟合指标指数

适配指标	适配标准	模型适配度	适配评价
X2/df（卡方值/自由度）	1～3	1.71	可接受
CFI（比较拟合指数）	>0.9，>0.8 可接受，>0.5 最低	0.906	可接受
NFI（标准拟合指数）	>0.9，>0.8 可接受，>0.5 最低	0.802	可接受
IFI（增值拟合指数）	>0.9，>0.8 可接受，>0.5 最低	0.907	可接受
TLI（非规范拟合指数）	>0.9，>0.8 可接受，>0.5 最低	0.898	可接受
GFI（拟合优度指数）	>0.9，>0.8 可接受，>0.5 最低	0.805	可接受
RMSEA（近似误差均方根）	<0.5 最低 <0.08 可接受	0.058	可接受

其测量模型变量拟合指标统计如表 5－38 所示：

表 5－38　　测量模型变量拟合指标统计

		Estimate	UnEsti mate	S. E.	C. R.	P	CR	AVE
Z1	工具化	0.65	1					
Z2	工具化	0.56	0.84	0.091	9.231	***	0.80	0.41
Z3	工具化	0.51	0.872	0.089	8.727	***		
Z4	结构化	0.55	1					
Z5	结构化	0.63	0.772	0.1	7.727	***		
Z6	结构化	0.56	0.868	0.092	9.467	***	0.82	0.43
Z7	结构化	0.71	0.972	0.1	9.759	***		
Z8	智能化	0.65	1					
Z9	智能化	0.68	0.865	0.091	9.523	***	0.83	0.45
Z10	智能化	0.73	0.776	0.093	9.323	***		
I1	社区发展	0.77	1					
I2	社区发展	0.74	1.081	0.115	9.379	***		
I3	社区发展	0.76	1.067	0.12	8.873	***	0.87	0.46
I4	社区发展	0.81	0.868	0.107	8.1	***		

续表

		Estimate	UnEsti mate	S. E.	C. R.	P	CR	AVE
J1	经济发展	0. 74	1. 132	0. 119	9. 511	***		
J2	经济发展	0. 69	1					
J3	经济发展	0. 78	0. 966	0. 107	9. 046	***		
J4	经济发展	0. 73	0. 975	0. 107	9. 093	***	0. 85	0. 48
J5	经济发展	0. 71	0. 91	0. 098	9. 31	***		
J6	经济发展	0. 68	0. 885	0. 096	9. 231	***		
K1	行政效果	1						
K2	行政效果	0. 68	0. 895	0. 092	9. 719	***	0. 88	0. 47
K3	行政效果	0. 69	0. 885	0. 088	10. 114	***		

注："***"表示 $P<0.001$。

由表 5 – 38 可知，该量表中测量题项的因子载荷值在标准水平下均位于 0. 50 ~ 0. 95，并在 0. 001 的置信水平上显著。这表明观察变量与潜在变量之间存在良好的关系，证明测量变量能够有效地反映潜在变量的贡献值。建构效度（CR）反映了每个潜变量中所有题目是否一致性地解释该潜变量，当该值高于 0. 70 时表示该潜变量具有较好的建构信度。观察其 CR 值均大于 0. 7，表示构面内部一致性程度水平高，符合要求。平均提取方差值（Average Variance Extracted，AVE），即验证潜在变量对观察变量解释能力的平均，AVE 反映了每个潜变量所解释的变异量中有多少来自该潜变量中所有题目。观察其 AVE 值，均位于 0. 36 ~ 0. 5，符合要求。因此，具有较好的收敛效度。最后检验其路径系数，如表 5 – 39 所示：

表 5 – 39　　　　路径系数

路径关系	Estimate	Unestimate	S. E.	C. R.	P
开发区治理绩效←数字技术赋能	0. 84	0. 914	0. 128	8. 162	***
社区发展←工具化	0. 89	0. 981	0. 118	8. 318	***

续表

路径关系	Estimate	Unestimate	S. E.	C. R.	P
社区发展←结构化	0.76	0.891	0.121	7.361	***
社区发展←智能化	0.68	0.899	0.113	6.311	***
经济发展←工具化	0.76	0.984	0.128	7.112	***
经济发展←结构化	0.57	0.889	0.111	5.616	***
经济发展←智能化	0.66	0.963	0.113	6.318	***
行政效果←工具化	0.68	0.932	0.114	6.335	***
行政效果←结构化	0.66	0.855	0.148	6.114	***
行政效果←智能化	0.57	0.879	0.131	5.279	***

注：“ *** ” 表示 P<0.001；“ ** ” 表示 P<0.05。

由表5－39可知，三条路径关系皆通过显著性小于0.05的检验，符合要求。结合表3－58和表3－59整体的结构模型检验结果，可得出如下结论：

（1）从整体来说，在标准化情况下数字赋能到社区发展的路径系数是0.84，且P<0.001。这表明在0.001的显著性标准下，数字技术赋能对开发区治理绩效产生了明显的正向效用，即数字赋能越高，开发区治理绩效越好，假设H1通过验证。

（2）从各个维度来说：社区发展与数字技术赋能各维度的关系。

①社区发展与工具化的关系。发展与工具化之间呈现显著的正向关联。路径系数为0.89，UnEstimate值为0.981，标准误为0.118，C. R. 值为8.318，P<0.001。这意味着工具化程度的提升对社区发展具有显著的促进作用，工具化水平越高，社区发展的态势越好，该假设通过验证。

②社区发展与结构化的关系。社区发展与结构化的路径系数为0.76，UnEstimate值为0.891，标准误是0.121，C. R. 值为7.361，P<0.001。这显示结构化对社区发展有显著的正向影响，结构化程度的加深有助于推动社区发展，假设成立。

③社区发展与智能化的关系。社区发展与智能化的路径系数是0.68，

UnEstimate 值为 0. 899，标准误为 0. 113，C. R. 值为 6. 311，P < 0. 001。表明智能化对社区发展存在显著的正向推动作用，智能化水平的提高有利于社区发展，该假设得到验证。

④经济发展与工具化的关系。经济发展与工具化的路径系数为 0. 76，UnEstimate 值为 0. 984，标准误是 0. 128，C. R. 值为 7. 112，P < 0. 001。这说明工具化对经济发展有显著的正向影响，工具化程度越高，越能促进经济发展，假设得到支持。

⑤经济发展与结构化的关系。经济发展与结构化的路径系数是 0. 57，UnEstimate 值为 0. 889，标准误为 0. 111，C. R. 值为 5. 616，P < 0. 001。显示结构化对经济发展具有显著的正向推动作用，结构化程度的提升有助于经济发展，该假设成立。

⑥经济发展与智能化的关系。经济发展与智能化的路径系数为 0. 66，UnEstimate 值为 0. 963，标准误是 0. 113，C. R. 值为 6. 318，P < 0. 001。表明智能化对经济发展存在显著的正向影响，智能化水平的提高能够带动经济发展，假设通过验证。

⑦行政效果与工具化的关系。行政效果与工具化的路径系数是 0. 68，UnEstimate 值为 0. 932，标准误为 0. 114，C. R. 值为 6. 335，P < 0. 001。这意味着工具化对行政效果有显著的正向促进作用，工具化程度的提升有助于提高行政效果，该假设得到验证。

⑧行政效果与结构化的关系。行政效果与结构化的路径系数为 0. 66，UnEstimate 值为 0. 855，标准误是 0. 148，C. R. 值为 6. 114，P < 0. 001。显示结构化对行政效果存在显著的正向影响，结构化程度的加深有利于提升行政效能，假设成立。

⑨行政效果与智能化的关系。行政效果与智能化的路径系数是 0. 57，UnEstimate 值为 0. 879，标准误为 0. 131，C. R. 值为 5. 279，P < 0. 001。表明智能化对行政效果有显著的正向推动作用，智能化水平的提高能够改善

行政效果，该假设得到验证。

综上所述，数字技术赋能（包括工具化、结构化、智能化等方面）对开发区治理绩效（涵盖社区发展、经济发展、行政效果等维度）具有显著的正向影响，各具体因素与相应维度之间的关系假设均通过了显著性检验，为进一步研究和实践提供了有力的数据支持和理论依据。

5.6 网络嵌入的调节作用分析

数字技术赋能对开发区治理绩效的影响机制模型已经通过检验，本书将利用层次回归分析法来进一步检验变革型领导行为在新产品开发能力与企业绩效之间的调节作用。其中调节变量是指如果两个变量之间的关系（如 X 与 Y 的关系）是变量 M 的函数，则称 M 为调节变量。当自变量 X 和调节变量 M 都是连续变量时，用带乘积项的回归模型进行调节效应的检验。

第一步，根据温忠麟等（2005）的研究，在做调节效应分析时，通常要将自变量和调节变量进行去中心化处理，即用变量减去其均值。中心化的目的是减小回归方程中间变量间多重共线性的问题。因此本书首先把数字赋能、网络嵌入进行去中心化变换。

第二步，构造交互项。将经过中心化或标准化处理的自变量数字技术赋能（X）和调节变量网络嵌入（M）相乘，得到交互项（X × M）。

第三步，将自变量和调节变量强制引入模型。在进行回归分析时，首先做因变量 Y 对 X、M 的回归（第一个模型），之后做 Y 对 X、M、X × M 的回归（第二个模型），每个模型的 R^2 的差值越大越好，如果 $\triangle R^2$ 显著，X × M 在回归模型中的偏回归系数通过显著性检验，则表示存在调节效应。对于本书，要验证网络嵌入在数字技术赋能和开发区治理绩效之间的调节作用，首先要将数字技术赋能和网络嵌入分别对开发区治理绩效的层次回归，之后做数字技术赋能和网络嵌入相互项，同时对开发区治理绩效的层次回归，如果 R^2 变大，或者相乘项的偏回归系数显著，则说明网络嵌入在数字赋能和开发区治理绩效之间的调节效应显著。层次回归分析结果如表5-40所示。

表5-40　　网络嵌入的调节作用的回归结果

变量	X—Y	M—Z	X×M—Y
常数项	4.686**	4.107**	4.107
X	0.301**	0.255**	0.331**
M		0.126**	0.107**
X×M			0.105**
R^2	0.768	0.833	0.752
$\triangle R^2$		0.055	0.029
F	164.027*	172.000*	145.687

注：X表示数字赋能；M表示网络嵌入；Y表示开发区治理绩效；X×M数字技术赋能（X）和网络嵌入（M）相乘得到的交互项；“*”表示 $P<0.05$，“**”表示 $P<0.01$。

以数字技术赋能（X）为自变量，网络嵌入（M）做调节变量，开发区的治理绩效（Y）为因变量，构建结构方程模型M，运行结果如表5-40所示。由于调节作用检验主要看交互项到因变量的路径系数是否显著，从表5-40显示的回归结果可以看出，模型1中，数字技术赋能（X）和网络嵌入（M）的回归系数都为正且非常显著，说明数字技术赋能和网络嵌入均对开发区治理绩效有正向影响。假设H2成立。

模型2中的回归结果是验证网络嵌入（M）的调节作用是否存在。可以看出数字技术赋能（X）和网络嵌入（M）的回归系数都为正值，且通过了显著性检验，数字技术赋能与网络嵌入的乘积项（X×M）的回归系数为0.105，在 $P<0.01$ 的水平下显著，说明数字技术赋能与网络嵌入的交互作用对开发区治理绩效产生影响。再看 R^2 的变化以及 $\triangle R^2$ 的显著性可

知，引入乘积项后$\triangle R^2$为0.029，在$P<0.05$的水平下显著，说明网络嵌入的调节作用显著，即网络嵌入在数字技术赋能对企业绩效关系中起调节作用，假设H3成立。

5.6.1 环境嵌入的调节作用

重复上面的三个步骤，验证环境嵌入的调节作用，得到表5-41。

表5-41 环境嵌入的调节作用的回归结果

变量	X—Y	M1—Z	X×M1—Y
常数项	3.286	3.107	3.107
X	0.314**	0.275**	0.431
M1		0.127*	0.137
X×M1			0.107
R^2	0.668	0.713	0.552
$\triangle R^2$		0.035*	0.024
F	169.027**	162.000**	155.677

注：X表示数字赋能；M1表示环境嵌入；Y表示开发区治理绩效；X×M1数字技术赋能（X）和环境嵌入（M1）相乘得到的交互项；“*”表示$P<0.05$，“**”表示$P<0.01$。

X—Y列R^2（决定系数）：值为0.668，它表示在仅考虑数字技术赋能（X）对开发区治理绩效（Y）的影响时，模型能够解释开发区治理绩效变异的66.8%。这说明数字技术赋能是影响开发区治理绩效的一个重要因素，对治理绩效的解释力度较强。M1（环境嵌入）：系数为0.127，带有“*”标记，表明环境嵌入对开发区治理绩效有显著的正向影响。即环境嵌入每增加一个单位，开发区治理绩效会增加0.127个单位，且这种影响在统计上是显著的，说明良好的环境嵌入有助于提升开发区治理绩效。假设H2a成立。

模型2中的回归结果是验证环境嵌入（M1）的调节作用是否存在，数字技术赋能与网络嵌入的乘积项（X×M1）的回归系数为0.107，在 $P<0.05$ 的水平下不显著，说明数字技术赋能与环境嵌入的交互作用对开发区治理绩效产生影响不大。再看 R^2 的变化以及 $\triangle R^2$ 的显著性可知，引入乘积项后 $\triangle R^2$ 为0.024，在 $P<0.05$ 的水平下不显著，说明环境嵌入的调节作用不显著，即环境嵌入在数字技术赋能对开发区治理绩效关系中的调节作用不限制，假设H3a不成立。

5.6.2 组织间嵌入的调节作用

重复上面的三个步骤，验证组织间嵌入的调节作用，得到表5-42。

表5-42　　组织间嵌入的调节作用的回归结果

变量	X—Y	M2—Z	X×M2—Y
常数项	3.286	3.107	3.107
X	0.314**	0.275**	0.431
M		0.179*	0.137
X×M			0.219**
R^2	0.718	0.713	0.792
$\triangle R^2$		0.035*	0.039*
F	161.028**	164.005**	175.677

注：X表示数字赋能；M2表示组织间嵌入；Y表示开发区治理绩效；X×M2数字技术赋能（X）和组织间嵌入（M2）相乘得到的交互项；“*”表示 $P<0.05$，“**”表示 $P<0.01$。

X—Y列 R^2（决定系数）：值为0.718，它表示在仅考虑数字技术赋能（X）对开发区治理绩效（Y）的影响时，模型能够解释开发区治理绩效变异的71.8%。这说明数字技术赋能是影响开发区治理绩效的一个重要因素，对治理绩效的解释力度较强。M2（组织间嵌入）：系数为0.179，带有“*”标记，表明组织间嵌入对开发区治理绩效有显著的正向影响。即环境嵌入每增加一个单位，开发区治理绩效会增加 0.179 个单位，且这种影响在统计上是显著的，说明良好的组织间嵌入有助于提升开发区治理绩效。假设 H2b 成立。

模型 2 中的回归结果是验证环境嵌入（M2）的调节作用是否存在，数字技术赋能与环境嵌入的乘积项（X × M2）的回归系数为 0.219，在 $P<0.01$ 的水平下显著，说明数字技术赋能与组织间嵌入的交互作用对开发区治理绩效产生较大影响。再看 R^2 相比前两个值变大以及 $\triangle R^2$ 的显著性可知，引入乘积项后 $\triangle R^2$ 为 0.039*，在 $P<0.05$ 的水平显著，说明组织间嵌入的调节作用显著，即组织间嵌入在数字技术赋能对开发区治理绩效关系中的调节作用显著，假设 H3b 成立。

5.6.3 双边嵌入的调节作用

重复上面的三个步骤，验证双边嵌入的调节作用，得到表 5－43。

表 5－43　　双边嵌入的调节作用的回归结果

变量	X—Y	M3—Z	X × M3—Y
常数项	4.286	4.104	4.105
X	0.314**	0.275**	0.431
M		0.217*	0.137
X × M			0.223**
R^2	0.679	0.773	0.803
$\triangle R^2$		0.021**	0.031*
F	171.022**	184.105**	175.678

注：X 表示数字赋能；M3 表示双边嵌入；Y 表示开发区治理绩效；X × M3 数字技术赋能（X）和双边嵌入（M3）相乘得到的交互项；“*”表示 $P<0.05$，“**”表示 $P<0.01$。

X—Y 列 R^2（决定系数）：值为 0.718，它表示在仅考虑数字技术赋能（X）对开发区治理绩效（Y）的影响时，模型能够解释开发区治理绩效变异的71.8%。这说明数字技术赋能是影响开发区治理绩效的一个重要因素，对治理绩效的解释力度较强。M3（双边嵌入）：系数为0.217，带有“*”标记，表明双边嵌入对开发区治理绩效有显著的正向影响。即环境嵌入每增加一个单位，开发区治理绩效会增加0.217个单位，这种影响在统计上是显著的，说明良好的双边嵌入有助于提升开发区治理绩效。假设H2c成立。

模型2中的回归结果是验证双边嵌入（M3）的调节作用是否存在，数字技术赋能与双边的乘积项（X×M3）的回归系数为0.223，在 $P<0.01$ 的水平下显著，说明数字技术赋能与双边嵌入的交互作用对开发区治理绩效产生较大影响。再看 R^2 相比前两个值变大以及 ΔR^2 的显著性可知，引入乘积项后 ΔR^2 为 0.031^*，在 $P<0.05$ 的水平显著，说明双边嵌入的调节作用显著，即双边嵌入在数字技术赋能对开发区治理绩效关系中的调节作用显著，假设H3c成立。

5.7 研究结果

5.7.1 研究结果汇总

表5-44　　假设检验结论汇总

假设	内容	结论
H1	H1：数字技术赋能可以提升开发区的治理绩效	支持
H1a	数字技术方面的工具化可提升开发区的社区发展	支持
H1b	数字技术方面的结构化可提升开发区的社区发展	支持
H1c	数字技术方面的智能化可提升开发区的社区发展	支持
H1d	数字技术方面的工具化可提升开发区的经济发展	支持
H1e	数字技术方面的结构化可提升开发区的经济发展	支持

续表

假设	内容	结论
H1f	数字技术方面的智能化可提升开发区的经济发展	支持
H1g	数字技术方面的工具化可提升开发区的行政效果	支持
H1h	数字技术方面的结构化可提升开发区的行政效果	支持
H1i	数字技术方面的智能化可提升开发区的行政效果	支持
H2	网络嵌入对开发区治理绩效是正向影响	支持
H2a	环境嵌入对开发区的治理绩效正向影响	支持
H2b	组织间嵌入对开发区的治理绩效正向影响	支持
H2c	双边嵌入对开发区的治理绩效正向影响	支持
H3	网络嵌入会增强数字技术赋能和开发区的治理绩效之间的关系	支持
H3a	环境嵌入会增强数字技术赋能和开发区的治理绩效之间的关系	不支持
H3b	组织间嵌入会增强数字技术赋能和开发区的治理绩效之间的关系	支持
H3c	双边嵌入会增强数字技术赋能和开发区的治理绩效之间的关系	支持

5.7.2 研究结果分析

5.7.2.1 数字技术赋能可以提升开发区的治理绩效；工具化、结构化、智能化可提升开发区的社区发展、经济发展和行政效果

数字技术赋能意味着利用先进的数字工具、技术和理念来优化开发区治理的各个环节。数字技术具有高效性、精准性和创新性等特点，能够为开发区治理提供新的手段和方法。例如，通过大数据分析可以更精准地了解开发区内企业的需求和问题，从而制定更有效的政策；借助智能化的管理系统可以提高行政效率。

（1）工具化。数字工具的使用可以直接解决开发区在社区发展、经济发展和行政工作中的实际问题，提高工作质量和效率，从而促进各方面的发展。在社区发展方面，某开发区引入社区管理 APP，居民可以通过该 APP 随

时随地反映问题、参与社区活动、查询社区信息等。在经济发展方面，开发区利用大数据分析工具对区内企业的经营状况、市场需求等进行实时监测和分析，为企业提供精准的市场信息和政策支持，帮助企业提高竞争力。在行政工作方面，政府部门利用办公自动化软件实现了文件的电子化流转和审批，提高了行政效率，减少了纸质文件的使用，降低了行政成本。

（2）结构化。结构化的数字环境有助于打破信息壁垒，提高决策的科学性和协同工作的效率，进而推动开发区的社区、经济和行政方面的发展。例如，某开发区建立了统一的政务数据共享平台，将各个部门的业务数据进行整合和共享。政府部门在进行决策时，可以通过该平台获取全面、准确的数据支持，提高决策的科学性和合理性。同时，不同部门之间可以通过该平台实现业务协同，提高工作效率。在社区发展方面，社区管理部门可以通过该平台获取居民的相关信息，为居民提供更加个性化的服务。在经济发展方面，开发区可以通过该平台了解企业的需求和问题，为企业提供更加精准的服务和支持。

（3）智能化。智能化技术的应用可以大大提高开发区的管理效率和服务质量。在社区发展方面，某开发区引入智能垃圾分类系统，通过人工智能技术对垃圾进行自动分类和识别，提高了垃圾分类的准确率和效率。同时，该系统还可以实时监测垃圾桶的满溢情况，及时通知清理人员进行清理，提高了社区环境的整洁度。在经济发展方面，开发区利用智能客服系统为企业提供24小时在线咨询服务，及时解答企业的问题，提高了企业的满意度。在行政工作方面，政府部门利用智能审批系统对企业的申请进行自动审批，提高了审批效率，减少了人为因素的干扰。

5.7.2.2 网络嵌入，环境嵌入，组织间嵌入和双边嵌入对开发区的治理绩效正向影响

丰富的网络资源和合作机会有助于开发区优化资源配置，提高创新能

力，从而提升治理绩效。以某高新技术开发区为例，该开发区积极推动企业之间的合作与交流，建立了产业联盟和创新平台。通过这些平台，企业可以共享技术研发资源、市场信息和人才资源，降低研发成本和市场风险。同时，企业之间的合作还可以促进技术创新和产业升级，提高开发区的整体竞争力。此外，开发区还与高校、科研机构建立了紧密的合作关系，引进了大量的科研成果和高端人才，为开发区的发展提供了强大的智力支持。

（1）环境嵌入。制度嵌入提供了坚实保障，政府的支持政策、绿色通道、人才与项目资源引入，降低了企业运营成本，加速项目落地，为开发区发展营造了良好政策环境。文化嵌入中，当地企业独特的关系协调和事务处理方式，有助于构建和谐的企业合作氛围，减少内耗，促进信息与资源流通，推动企业共同发展。

（2）组织间嵌入。网络密度高使管委会、开发公司与企业紧密联系，便于信息及时传递和协同合作；网络规模大意味着企业能接触更多合作伙伴、中介和金融机构，获取丰富资源与多样发展机会；网络中心度体现了相互依赖关系，增强了各方合作的稳定性与积极性，共同推动开发区建设。

（3）双边嵌入。信任基础让管委会与企业真诚相待、公平合作，为共同目标投入资源；信息共享使双方在招商和产业升级中科学决策；共同解决问题的合作模式，能高效应对各类挑战，提升开发区整体竞争力与治理绩效。

5.7.2.3 网络嵌入，组织间嵌入，双边会增强数字技术赋能和开发区的治理绩效之间的关系

网络嵌入增强数字技术赋能和治理绩效的原因：它通过优化治理主体间的关系和资源配置，促进信息共享与协同合作，从而提升治理效率和决策科学性。具体而言，网络嵌入能够柔化条块分割边界，缓解治理的结构性困境，同时通过关系重塑链接政社边界及联通部门界限，促进协同共生

网络的形成。此外，网络嵌入还能通过整合治理主体、优化运行机制和考评体系，推动治理主体协同共治，进一步提升治理效能。

组织间嵌入增强数字技术赋能和治理绩效之间的关系的原因：各组织通过紧密联系、广泛合作关系，利于数字技术在不同组织间的适配与推广。管委会与企业深度合作，可根据企业需求定制数字技术解决方案，如开发智能生产管理系统，提升企业生产效率，带动开发区整体发展。

双边嵌入能够增强数字技术赋能与治理绩效之间的关系是因为：双边嵌入通过建立管委会与企业之间的信任关系，使双方放心投入资源开展数字技术合作，降低了合作成本，提升了合作效率，双边嵌入确保了信息的高效流通，使数字技术的应用能够紧密结合实际需求，明确方向，避免资源浪费，从而提高赋能效果。双边嵌入形成了共同应对问题的合作模式，能够快速解决数字技术应用过程中出现的难题，加速赋能进程，进而显著提升治理绩效。

环境嵌入调节作用不显著的原因：制度嵌入虽提供基础支持，但政策对数字技术应用的针对性在现实中并不强。文化嵌入中，企业传统处理方式可能与数字技术应用理念存在冲突，难以快速适应数字技术带来的变革，导致环境嵌入对增强数字技术赋能和开发区治理绩效的影响不明显。

第 6 章

数字技术赋能开发区治理现状及对策建议

6.1 开发区应用数字技术的现状与问题剖析

6.1.1 数字技术赋能浅尝辄止与应用差异显著

在当今数字化浪潮席卷的时代，数字技术已成为推动各领域发展的关键力量，对于开发区而言，其在数字技术应用方面呈现出诸多复杂且值得深入探讨的现象，主要体现在应用差异显著以及应用深度欠缺两个关键方面。

6.1.1.1 数字技术赋能深度不足

（1）基础设施建设的不足：开发区在数据中心和云计算平台建设方面的得分仅为2.19，这表明在提供大数据分析和存储支持的关键基础设施方面存在显著不足。这种基础设施的缺乏限制了数字技术在推动经济发展中的作用，从而影响了数字经济发展的整体大局。

（2）数字化协同治理框架的应用局限：开发区在利用数字化协同治理框架促进企业间合作方面的得分为2.49，显示出还有很大的提升空间。这种应用的局限性可能会对企业间的协同效率和创新能力产生不利影响。

（3）管理层级扁平化程度不够：开发区在管理层级扁平化方面的得分为2.97，表明组织结构优化尚未到位。管理层级的扁平化对于提高决策效率和响应速度至关重要，因此，这一方面的不足需要得到重视。

（4）个性化政策咨询和业务指导的缺乏：开发区在利用智能技术提供个性化政策咨询和业务指导方面的得分为3.03，说明在提供定制化服务方面还有改进的空间。这种不足可能会影响企业对政策的理解和应用，进而影响政策效果的充分发挥。

（5）数字化信息平台参与度的低下：居民和企业通过数字化信息平台参与建言献策的得分为3.06，表明参与治理的意愿和能力有待提高。这可能会对治理的透明度和公众参与度产生负面影响。

（6）智能化应用在业务指导方面的不足：开发区在利用智能技术提供个性化业务指导方面的得分为2.88，显示出智能化在业务指导方面的应用不够充分。这种情况可能会阻碍企业对新技术的利用和业务创新的进程。

总体来看，开发区内部的数字化应用存在显著的不均衡现象，这种不均衡体现在不同维度和治理领域的应用效果上。例如，智能交通系统和数据中心等基础设施类应用得分较高，表明在这些方面取得了一定的成果。然而，在通过数字化信息平台寻找资源（均值3.51）和企业间协同合作（均值2.49）等方面的得分较低，说明在利用数字技术促进资源有效配置和企业间紧密协作方面，还存在明显的不足。这种不均衡的数字化应用现状严重影响了数字技术整体效能的发挥，阻碍了开发区全面、协调、可持续地发展。尽管数字技术赋能对开发区的经济发展具有显著的正向作用，但部分关键经济指标的提升仍相对缓慢。例如，企业核心竞争力（均值3.17）和出口份额（均值3.50）的得分较低，表明企业在经济转型和国际市场竞争中仍面临挑战。这可能与数字技术赋能的深度和广度不足有关，例如大数据分析和智能业务指导（均值2.88）虽有积极影响，但尚未充分发挥其潜力。

6.1.1.2 不同类型的开发区的数字技术赋能存在差异

（1）不同生命周期阶段的开发区差异。

在开发区的生命周期中，数字技术赋能的程度呈现出明显的阶段性特征。在工具化维度上，虽然不同阶段的开发区在应用数字技术工具（如智能交通系统和数据中心）方面存在一定差异，但这种差异的显著性相对较弱。相比之下，结构化和智能化维度上的差异则极为显著。具体来说，处于创建期和发展期的开发区更注重基础设施的建设，因此在工具化应用上的得分较高。然而，随着开发区进入成熟期和复杂期，对更高层次的数字化应用，如智能化政策咨询和企业间协同合作的需求显著增加，但这些领域的实际表现却不尽如人意。这种阶段性差异深刻揭示了开发区在不同发展阶段的数字技术需求和应用效果的不同，同时也指出了外部环境因素对数字化转型的影响存在不确定性，可能受到区域数字经济发展不平衡的制约。

（2）不同级别开发区的差异。

在国家级、省级及其他级别的开发区中，数字技术应用上的差异同样不容忽视。通过对工具化、结构化和智能化三个关键维度的单因素方差分析，我们发现这些维度的 P 值均小于 0.05，表明不同级别的开发区在这些维度上存在显著差异。

在工具化维度上、在结构化维度上和在智能化维度上，国家级开发区由于拥有政策、资源等优势，在智能交通系统和数据中心建设等方面表现更为突出，而省级及其他开发区则因资源限制和技术水平等因素，在这些应用上的表现相对较弱。

综上所述，数字技术在开发区的应用既存在显著的差异，又面临着应用深度欠缺的问题。这些问题的存在，对开发区的数字化转型和高质量发展构成了严峻的挑战，需要开发区管理者、企业以及相关研究人员高度重视，深入分析问题的根源，采取有效的措施加以解决，以推动开发区在数字技术的赋能下实现更好的发展。

6.1.2　开发区经济发展势头趋缓

开发区作为区域经济发展的重要载体，在推动产业升级、促进经济增长等方面发挥着关键作用。然而，通过对问卷调查数据的深入分析以及对相关研究成果的综合考量，开发区在经济发展方面仍面临着诸多亟待解决的问题，具体如下：

（1）企业核心竞争力提升缓慢。开发区内企业核心竞争力不断提高的得分为3.17，这一数据清晰地表明，尽管企业在提升自身竞争力方面付出了一定努力并取得了些许进展，但整体提升速度依然较为迟缓。从企业内部来看，技术创新投入不足是一个关键制约因素。许多企业受限于资金、人才等资源的短缺，难以在研发方面进行大规模投入，导致新产品、新技术的研发周期较长，无法及时满足市场需求，从而在市场竞争中逐渐失去优势。在管理优化方面，部分企业仍沿用传统的管理模式，缺乏现代化的管理理念和方法，难以有效整合企业内部资源，提高生产效率和管理效能。这些因素综合起来，严重影响了企业在国内外市场中的竞争力，使得企业在激烈的市场竞争中难以脱颖而出。

（2）有序竞争氛围尚未完全形成。企业之间有序竞争氛围形成的得分为3.03，这一得分直观地反映出开发区内企业间的竞争关系尚未达到理想状态。在一个缺乏有序竞争的环境中，企业往往更注重短期利益，而忽视了长期的创新和发展。企业之间可能会出现恶性竞争的情况，如通过降低价格来争夺市场份额，而不是通过提高产品质量、创新技术等方式来提升竞争力。这种竞争方式不仅会导致资源配置效率低下，使得有限的资源无法流向最具创新能力和发展潜力的企业，还会影响整体经济效益的提升，阻碍开发区经济的健康发展。《2024 年版中国开发区行业发展现状调研及市场前景分析报告》中明确指出，产业结构单一、环境压力增大以及创新能力不足等问题，进一步加剧了开发区内企业竞争的无序性，直接影响了开发区的经济发展，限制了其在全球市场中的竞争力。

（3）产业附加值和税收增长有限。产业附加值和税收增加的得分为 3.35，这一数据充分说明开发区在提升产业附加值和增加税收方面面临着较大的困难。产业结构单一、创新能力不足是导致这一问题的主要原因。当前，许多开发区的产业结构仍以传统产业为主，这些产业往往处于产业链的低端，产品附加值较低，利润空间有限。由于创新能力不足，企业难以开发出具有高附加值的新产品和新服务，无法满足市场对高端产品和服务的需求。这种情况不仅影响了产业的升级和转型，使得开发区的产业难以向高端化、智能化、绿色化方向发展，还直接导致了税收增长乏力，无法为开发区的经济发展提供充足的资金支持。

（4）产业向中高端方向发展不足。产业向中高端方向发展的得分为 3.53，这一得分表明开发区在推动产业向中高端转型方面还有很大的提升空间。产业向中高端方向发展需要企业具备强大的技术创新能力和高素质的人才队伍。然而，目前开发区内许多企业在技术创新方面存在明显短板，缺乏自主研发能力和核心技术，难以在高端产品和服务领域取得突破。人才短缺也是制约产业向中高端发展的重要因素。由于开发区的产业结构相对单一，对高端人才的吸引力不足，导致企业难以招聘到具有创新能力和专业技能的人才。为了实现产业向中高端方向的发展，开发区需要进一步优化产业结构，加强技术创新和人才培养，提高产业的核心竞争力，推动产业向价值链的高端环节迈进。

（5）产业出口份额增长面临挑战。产业出口份额有所提高，得分为 3.50，这一得分显示开发区在提升出口份额方面面临着诸多挑战。全球市场竞争的加剧和贸易保护主义的抬头是导致这一问题的外部因素。随着全球经济一体化的深入发展，各国之间的经济竞争日益激烈，开发区内的企业在国际市场上面临着来自世界各地企业的竞争压力。贸易保护主义的抬头，使得各国纷纷设置贸易壁垒，增加了企业出口的难度。开发区内企业自身的产品附加值较低、市场竞争力不足也是影响出口份额增长的重要原因。为了应对这些挑战，开发区需要积极引导企业提升产品附加值，拓展新兴市场，加强国际合作，提高企业的国际竞争力，从而实现产业出口份额的增长。

开发区在经济发展方面存在的这些问题，一定程度上制约了其经济的持续健康发展。

6.1.3　多元治理主体的参与度不高

在开发区的发展进程中，多元治理主体的协同合作是提升治理效能、促进经济稳健发展的关键要素。然而，当下开发区在多元治理主体参与层面暴露出一系列不容忽视的问题，这些问题犹如瓶颈，严重制约了治理效果的提升以及经济的持续增长。

公众参与不足是首先面临的问题。借助数字化信息平台建言献策的得分仅为3.06，这一数据直观地反映出居民和企业通过数字化平台参与治理的意愿和能力严重匮乏。在开发区治理体系里，公众的广泛参与是保障决策科学性与民主性的基石。但目前的低参与度使得治理决策难以全面、准确地反映各方利益诉求，不利于营造良好的治理生态。在产业规划和项目引进决策中，若缺乏居民和企业的深度参与，项目极易与当地实际需求脱节。例如，某些开发区引入的产业项目，因未充分考量当地的资源禀赋、市场需求以及居民就业期望，导致项目落地后无法充分发挥对经济的拉动作用，甚至引发诸如就业难、环境污染等社会矛盾，严重阻碍经济的稳定发展。

开发区在组织结构方面也存在明显缺陷，管理层级扁平化程度不够便是突出表现。公司（或政府）管理层级变得更扁平，得分仅为2.97，这表明开发区在组织结构优化上还有很长的路要走。在瞬息万变的市场环境下，扁平化的管理层级能够极大地提高决策效率和响应速度，使组织能够灵活应对市场变化与发展需求。而当前开发区管理层级复杂，在信息传递过程中，极易出现信息失真、滞后的情况，导致决策层无法及时获取准确的基层信息，进而影响决策的科学性与及时性。在决策执行阶段，多层级结构容易滋生责任不清、推诿扯皮等现象，极大地降低了决策执行的效率和效果。

数字化协同治理框架应用有限同样制约着开发区的发展。通过开发区构建的数字化协同治理框架与区内不同企业间合作的得分为2.49，这一较低分数说明开发区在利用数字化手段促进企业间合作方面存在较大提升空间。在经济全球化和产业分工日益细化的背景下，企业间的协同合作对于提升产业竞争力、推动经济发展至关重要。但目前数字化协同治理框架应用的不足，使得企业间信息共享不畅、协同效率低下，难以充分发挥协同创新的优势，进而阻碍了整体经济的发展。

参与主体协同意识和能力不足，导致在面对复杂的治理问题时，各主体难以形成有效的合力。党政主导作用发挥不充分，使得在资源调配、政策引导等关键环节缺乏有力的引领。制度制定社会参与不足，容易使制度与实际治理需求脱节，无法有效规范和促进多元主体的协同合作。治理权责关系不清，导致各主体在治理过程中职责混乱，出现问题时相互推诿。多元主体间缺乏信任，协同过程“形式化”，使得协同治理无法真正发挥作用，难以实现治理目标。

开发区在多元治理主体协调方面面临的公众参与不足、组织结构不合理、数字化协同治理框架应用有限以及治理主体协同意识和能力薄弱等问题，严重影响了治理效果和经济发展。为实现开发区的可持续发展，必须高度重视并深入剖析这些问题，采取切实有效的措施加以解决，以提升多元治理主体的协调能力，构建更加高效、科学的治理体系，为开发区的长远发展奠定坚实基础。

6.2 数字技术赋能开发区治理的对策建议

6.2.1 数字技术应用层面：提升技术应用深度与广度的策略

6.2.1.1 加强数字基础设施建设

通过完善数字基础设施，有助于实现开发区数字化平台的集成管理，消除数据壁垒，解决开发区治理过程中业务协同难、系统打通难、数据共享难的问题。数字基础设施是数字治理的基础，涵盖了基础网络、前端智能设备、云基础设施，是体现数字经济的新一代基础设施，是开发区运营管理的技术底座，组成开发区的感知体系。

（1）搭建公共基础网络。

基础网络为开发区内所有联网的前端设备设施提供信息传输通道，加快5G移动通信网、互联网、物联网以及 Wi - Fi 覆盖。开发区基础网络搭建应根据具体使用场景选择一种或多种相结合的方式，因地制宜，合理建设，普及公共基础网络覆盖。重要场景需要双重网络接入方式，以保障数据正常传输。

（2）普及前端智能设备。

前端智能设备是基础网络的硬件部分，离开了网络则毫无智能可言。正是前端智能设备与网络的结合，实现了智能带来的便捷。物联网通过各种传感器实时监控、连接与互动，实现人与物、物与物的广泛连接。在开发区中，我们接触到的人脸识别门禁、车牌识别出入管理以及温度、环境指数监控等都是应用实例。随着开发区的发展，智慧园区将是比较大的需求场景。智慧园区是不可忽视的环节，政府应该牵头筛选出优质的服务供给者，统一技术标准与规范，打通开发区“最后一公里”的壁垒，提高企业和员工的整体体验，促进企业品牌推广。

（3）统一云基础设施。

云基础设施是指将开发区产生的数据存储在虚拟的云上，需要时通过平台调取。基础网络、前端智能设备、云基础设施三者共同构成了开发区数字基础设施。简单来说，前端智能设备通过网络将采集到的数据传至云基础设施，供信息平台综合运用。随着开发区的规划布局，促进了跨区域统筹协调，鼓励园区与园区之间、企业与企业之间打破行政界限，有望通过统一数字基础设施技术标准与规范，共建共享基础数字设备设施。

6.2.1.2　深化数字技术赋能开发区应用

在当今数字化时代，深化数字赋能开发区治理建设已成为提升开发区管理效能与服务质量的关键路径。基于智慧社区的数字治理核心特征，即通过数字技术实现数据融合与互动以达成治理目的，为开发区治理提供了宝贵借鉴。

（1）云计算、大数据、区块链、人工智能等数字技术，在开发区管理进程中发挥着重要保障作用。云计算凭借其高灵活性、高扩展性及高性价比，为开发区平台运营能力提供有力支撑。以往开发区各部门存在管理边界模糊、资源整合不足等问题，尝试业务和数据上云时又因与上级平台对接不畅导致资源浪费。如今，构建区级以上统一技术架构和标准规范的基础性、共用性平台至关重要，云计算的强大算法与算力能够满足开发区各类复杂需求，有效减少固定资产投入及运维费用。

（2）大数据则为开发区管理赋能。其精确性、预判性和即时性，有助于提升开发区治理效能和服务品质。面对开发区海量数据，大数据借助云计算分布式特点进行分析挖掘，精准响应企业和居民潜在需求；在多元主体参与的管理模式下，协助分析各主体如何达成合作；还能预判开发区管理运营中的商业风险。

(3) 区块链技术为开发区管理提供信任安全保障。在多元主体参与的开发区治理中，各主体对数据有读取和使用权利，结合大数据技术处理数据后，针对不同主体开放不同权限，通过“数字注册”模型区分用户身份，确保数据信息安全，防止篡改。

(4) 优化数字化协同治理框架。制定统一的数字化协同治理技术标准和规范，组织企业进行标准培训，促进企业系统兼容。建立激励机制，对积极参与协同治理的企业给予税收优惠、政策扶持等奖励，提高企业参与积极性，提高企业间协同效率与创新能力。

(5) 增强个性化服务能力。引入先进的数据分析技术和工具，建立企业需求数据库，精准分析企业需求。政策制定部门加强与企业沟通，根据企业特点制定灵活、个性化的政策咨询和业务指导服务，提高政策的针对性和有效性。

(6) 深化智能化应用。加大对智能化技术研发的投入，设立科研项目，鼓励企业与科研机构合作，突破技术瓶颈，提高技术成熟度。开展智能化业务指导应用试点，通过示范效应，逐步提高企业对智能化业务指导的接受程度，推动新技术在企业中的应用和业务创新。

深化数字赋能开发区治理建设是一项长期而系统的工程，需要政府、企业、科研机构等各方共同努力，充分发挥数字技术优势，提升开发区治理水平，推动开发区高质量发展。

6.2.2 开发区经济发展层面：借助数字技术推动经济增长

在数字化浪潮席卷全球的当下，数字技术已然成为驱动开发区经济迈向高质量发展的核心引擎。它不仅为开发区的发展注入了全新活力，更带来了前所未有的机遇与变革。为充分挖掘并释放数字技术的巨大潜能，推动开发区经济实现可持续增长，我们可从以下两大关键维度展开深入探索与实践。

6.2.2.1　以数字技术为支撑，优化资源配置与整合

（1）强化云计算平台建设。在传统的开发区管理模式中，部门管理边界模糊不清、资源整合难以到位以及问题处理不及时或无法解决等问题屡见不鲜。这些顽疾严重制约了开发区的高效运行与发展。而云计算技术以其独特的高灵活性、高扩展性以及高性价比等优势，为突破这些困境提供了切实可行的解决方案。应着力构建区级以上统一技术架构与标准规范的基础性、共用性平台。在搭建过程中，需充分考量各园区、企业的实际业务需求与技术特点，确保平台具备良好的兼容性与通用性。通过建立严格的数据对接标准与接口规范，保障园区、企业业务上云、数据上云能够无缝对接，从而有效避免因技术不兼容而导致的资源浪费现象。借助云计算强大的超级算法与算力，能够对开发区内海量的业务数据进行快速处理与深度分析。例如，在资源调配方面，通过实时监测各企业的资源使用情况，运用算法模型进行智能预测与优化调配，满足开发区多样化的资源需求，降低固定资产的投入和运维成本。同时，基于云计算平台的弹性扩展能力，可根据业务量的变化灵活调整计算资源，确保平台运营能力始终保持在高效稳定的状态，实现资源的高效整合与利用。

（2）完善信息共享与协同机制。开发区内政府、企业、中介机构等多元主体之间的信息共享程度，在很大程度上决定了企业能否及时捕捉到市场和技术机会，进而对提升企业竞争力起着至关重要的作用。借助大数据、区块链等数字技术，搭建开发区治理数字信息平台和数据分析服务体系。利用大数据技术对各类数据进行收集、整理与分析，为各主体提供全面、精准的信息支持；通过区块链技术的去中心化、不可篡改等特性，保障数

据的安全性与可信度，打破数据壁垒和信息孤岛。在平台建设过程中，应注重数据的标准化与规范化处理，制定统一的数据格式与接口标准，确保不同主体的数据能够顺利交互与共享。同时，建立数据更新与维护机制，保证数据的时效性与准确性。此外，还需优化共同解决问题的机制，通过定期组织跨主体的沟通交流会议、项目合作等方式，培育各方共同的行为规范和语言，提升治理绩效，实现资源的合理配置和高效协同。

（3）优化金融资源配置。资金是企业发展的血液，而金融资源的合理配置对于企业的技术创新与发展壮大至关重要。政府可运用数字技术搭建金融服务平台，实现企业与金融机构之间的精准对接。利用大数据分析技术，对企业的财务状况、技术创新潜力、市场前景等多维度数据进行深入挖掘与分析，建立企业信用评价体系和风险评估模型。根据分析结果，精准识别具有创新潜力和资金需求的企业，引导金融机构为其提供低息贷款、风险投资等针对性支持。例如，通过与银行、风险投资机构等金融合作伙伴建立数据共享机制，将企业的相关数据及时推送至金融机构，帮助金融机构更全面地了解企业情况，降低信贷风险。同时，为金融机构提供数据分析工具与技术支持，辅助其进行投资决策，提高金融资源配置效率，助力企业提升核心竞争力。

6.2.2.2 以数字技术为支撑，促进产业结构升级

（1）推动产业数字化转型。引导企业加大数字技术在生产、管理等各个环节的应用力度，是实现产业升级的关键举措。鼓励传统产业向高端化、智能化、绿色化转型，是适应市场需求变化、提升产业竞争力的必然选择。

（2）设立产业发展基金，制定新兴产业扶持政策，为企业的数字化转型提供资金支持与政策引导。借助数字技术的力量，推动传统产业利用大数据、人工智能、物联网等先进技术进行技术创新。例如，在生产环节，引入工业互联网平台，实现生产设备的互联互通与智能化管理，提高生产

效率与产品质量；在管理环节，运用企业资源计划（ERP）系统、客户关系管理（CRM）系统等数字化工具，优化企业管理流程，降低运营成本。

（3）鼓励企业开发高附加值产品和服务。通过对市场需求的精准分析，运用数字技术进行产品创新设计与个性化定制，满足消费者多样化、个性化的需求，提高产业附加值。

（4）促进产学研深度融合。利用数字技术搭建产学研合作创新平台，打破高校、科研机构与企业之间的信息壁垒，是加速科技成果转化、推动产业向中高端方向发展的重要途径。

（5）在平台建设过程中，整合高校、科研机构的科研资源与企业的市场需求信息，建立科研项目发布与对接机制。高校和科研机构可通过平台发布最新的科研成果与技术进展，企业则可在平台上发布技术需求与合作意向，实现双方的精准对接。例如，通过建立线上线下相结合的技术交流与合作平台，定期组织产学研对接活动，邀请高校、科研机构的专家学者与企业技术人员进行面对面交流，促进先进技术和创新资源的高效流动。企业可通过平台获取前沿技术，将科研成果快速转化为实际生产力；高校和科研机构能更好地了解市场需求，调整科研方向，提高科研成果的实用性和转化率。

（6）提升产业国际竞争力。在经济全球化的背景下，提升产业国际竞争力是开发区经济发展的重要目标。借助数字技术，引导企业加强技术创新，培育国际知名品牌，是提升产业国际竞争力的关键。通过跨境电商平台等数字化手段，拓展国际市场，打破地域限制，让企业的产品和服务能够更便捷地进入全球市场。政府可利用数字技术组织企业参加国际展会、经贸洽谈会等活动，为企业提供国际市场信息与交流合作机会。例如，搭建线上国际展会平台，让企业能够在虚拟环境中展示产品与技术，与全球客户进行互动交流；运用大数据分析国际市场需求趋势，为企业提供市场调研与营销策划支持。

(7) 缩小区域数字技术应用差距。考虑到不同地区区位、资源等差异导致的数字经济发展水平和产业结构布局差距，应因地制宜实施差异化数字经济发展策略。东部地区具有数字经济发展基础好、设施齐全、技术领先等优势，应充分发挥这些优势，通过技术输出、产业转移等方式，实现优势扩散，带动中西部地区数字经济发展。例如，东部地区的数字技术企业可与中西部地区的企业开展合作，将先进的数字技术与管理经验引入中西部地区，促进当地产业数字化转型。中西部地区则依据自身特点，如丰富的自然资源、劳动力资源等，积极培育数字经济新动能。例如，利用大数据技术发展特色农业、文化旅游等产业，打造差异化数字经济功能区。通过区域联动，建立跨区域的数字经济合作机制，优化数字经济空间布局，促进产业结构协调发展。

深化数字赋能开发区经济发展，需要我们充分发挥数字技术在资源配置整合和产业结构升级方面的关键作用。通过持续创新与实践，推动开发区在数字时代实现高质量、可持续发展，为区域经济增长注入强劲动力。

6.2.2.3 根据各类开发区的特性实施差异化数字赋能策略

在应对不同生命周期阶段的开发区差异方面，对于处于创建期和发展期的开发区而言，它们正处于快速成长的关键时期，基础设施建设需求极为迫切。此时，应着重进一步强化工具化数字技术的应用。在智能交通系统建设上，加大资金投入用于购置先进的交通监测设备，构建智能交通管理平台，实现对交通流量的实时监测与精准调控，提高交通运输效率，降低物流成本，为开发区内企业的货物运输与人员流动提供便利。

在数据中心建设方面，不仅要增加硬件设施的投入，采用高性能的服务器和存储设备，还要优化数据中心的布局与管理，提升数据处理和存储能力，保障开发区内各类数据的高效存储与快速调用，确保数字技术在基础层面能够得以高效应用。

当开发区进入成熟期和复杂期，发展需求发生了显著变化。政府和相关部门应充分发挥宏观调控作用，加大政策扶持力度。一方面，设立专门的智能化项目研发专项资金，通过项目申报、评审的方式，对积极开展智能化政策咨询、企业间协同合作等高层次数字化应用研发的企业和机构给予资金支持，降低其研发成本与风险，激发创新活力。另一方面，搭建区域间的数字化交流平台，可利用互联网技术打造线上线下相结合的交流模式。线上平台设立专门的论坛、知识库等板块，方便开发区之间分享数字化转型的成功案例、技术方案等；线下定期举办数字化发展研讨会、经验交流会等活动，促进不同开发区之间的面对面交流与实地考察学习，推动技术转移与合作。

在解决不同级别开发区的差异问题上，国家级开发区凭借其政策、资源等多方面的优势，应积极发挥示范引领作用。通过政策引导，制定鼓励数字技术应用与创新的相关政策文件，并向省级及其他开发区推广，为其提供政策制定的参考模板。在资源共享方面，国家级开发区可与省级及其他开发区建立结对帮扶机制，例如，定期组织技术团队前往帮扶开发区进行智能交通系统和数据中心建设的现场指导，分享在项目规划、技术选型、建设运营等方面的成功经验与技术成果。同时，利用国家级开发区的品牌影响力，联合举办数字技术相关的展会、招商活动等，帮助省级及其他开发区吸引更多优质资源。

对于省级及其他开发区，政府应加大资源投入。在财政资金上，设立专项发展基金，用于支持数字技术基础设施建设、企业数字化改造等项目。出台针对性的优惠政策，如对入驻的优质数字技术企业给予税收减免、土地使用优惠等政策，吸引其落地生根。在人才引进方面，提供人才公寓、子女教育、配偶就业等配套服务，解决人才的后顾之忧，吸引更多数字技术领域的高端人才入驻，从而提升开发区的技术水平和创新能力。此外，积极加强区域间的数字经济合作，建立区域数字经济联盟，整合各方在技术、人才、资金等方面的资源，通过联合开展项目、共建产业园区等方式，共同推动数字技术在不同级别开发区的均衡发展，助力实现开发区整体的数字化转型和高质量发展。

6.2.3 深化数字技术赋能开发区多元主体共治的机制与措施

在数字化浪潮中，深化数字赋能开发区多元主体共治，是提升开发区治理效能、推动高质量发展的关键举措。针对当前开发区治理中存在的协同合作机制不完善等问题，可从强化党的全面领导、构建多元主体协同合作机制、培育数字化多层次人才队伍这三个方面，筑牢数字技术赋能开发区治理的主体组织保障。

6.2.3.1 坚持党对治理工作的全面领导

坚持中国共产党对开发区治理工作的全面领导，是推进数字技术赋能开发区治理实践的根本政治保证。自建党以来，党始终将正确处理人与人、人与自然的关系作为制定国家发展方略的重要考量，为开发区治理提供了坚实的政策指导。因此，必须始终坚持党对数字技术赋能开发区治理工作的全面领导。

（1）加强政治引领。把党的政治建设摆在数字技术赋能开发区治理实践的首位，发挥党组织的全面领导作用。坚持以人为本，广泛听取企业、居民等各方主体对开发区治理的建议，汇聚各方智慧，及时回应他们的需求，做出科学决策，为开发区治理指明方向。地方党委应积极组织并带领相关治理部门贯彻国家方针政策，明确数字技术赋能开发区治理的方向，制定具体规划。同时，成立专门的监督管理小组，确保各项治理任务高效落实。

（2）发挥基层党组织战斗堡垒作用。基层党组织要结合开发区的产业布局、经济发展状况以及治理实际情况，制定数字技术赋能开发区治理的实践规划，明确治理重点任务，并为数字技术的应用创造便利条件。积极推动开发区内志愿服务组织的发展，鼓励各方主体参与志愿服务活动，凝聚治理合力。党员同志要树立正确的发展理念，主动参与数字技术赋能开发区治理实践，发挥示范激励作用，激发各方主体的积极性和创造性。在党组织的引领下，探索“法治有依、德治有方、自治有路”的开发区治理新模式。

6.2.3.2 建立多元主体协同合作治理机制

构建权责明晰、多元主体共同参与的协同合作治理机制，是推进数字技术赋能开发区治理实践、实现开发区治理现代化的现实需求。运用数字技术促进治理主体的相互联结，建立包容共享、互动合作的治理体系，凝聚各方力量，共同推进开发区治理实践。

（1）强化政府统筹引领。政府应在推进数字技术与开发区治理的融合过程中，发挥统筹、引领作用。设立专门负责数字技术应用于开发区治理的职能部门，及时解决实践中可能出现的政策矛盾和体制障碍。通过特派员、联络点等多种方式，加强政府部门与开发区基层治理部门的联系，促进双方合作。

（2）提升企业参与度。企业是开发区治理的重要主体，在治理实践中发挥着关键作用。企业自身要将可持续发展理念纳入生产发展规划，积极承担社会责任，进行绿色生产和创新发展。推动构建政企合作的数字技术赋能开发区治理协同机制，政府制定治理规划，明确技术服务需求，通过市场化的政府采购平台招标，让有能力的企业参与治理，避免技术资源浪费。政府要做好监管工作，防止企业不正当竞争，保障各方合法权益。

（3）加强人才培养与合作。进一步加强对开发区内各类人才的数字素养培育。确定提升数字素养的重点内容，有针对性地开展培育活动。立足开发区特色，促进数字技术与产业文化的融合，运用短视频、公众号推文等方式，培育各方主体的数字素养。适时展示数字技术赋能开发区治理的成功案例，激发他们的参与兴趣，提高数字素养和治理能力。

（4）健全协同治理平台。建立开发区治理数字信息平台和数据分析服务体系，打破数据壁垒和信息孤岛，促进不同区域开发区交流数字技术赋能治理的经验，共同提升治理效能。构建层级互通、交流便捷的公共服务平台，优化治理问题反馈流程，便于各部门高效沟通，共同做出科学决策。根据实际情况，构建包括政府、企业、人才等治理主体在内的多元协同治理机制，凝聚治理合力，实现数字技术对开发区治理的优势赋能。

6.2.3.3 培育数字化治理多层次人才队伍

在数字时代，培育数字化治理多层次人才队伍，厚植人力资本新优势，是推进数字技术赋能开发区治理的必然选择。

（1）培育本土数字化人才。借助信息技术发展，完善人才培训基地建设，采用线上线下相结合的方式，开展现代化人才培育课程，不断提升开发区内人才的综合能力。积极培育一批数字素养高、掌握现代化信息技术的人才，帮助他们树立数字化治理思维，主动参与数字技术赋能开发区治理实践，发挥主体作用，并带动身边的人积极参与学习，掌握现代信息技术。

（2）增强领导力量。根据开发区基层领导干部现有的数字治理能力水平，制订数字化素质培育计划，帮助他们进一步形成数字化治理思维，科学制定数字技术赋能开发区治理的实践规划。将选派干部制度与人才培育计划有机结合，鼓励数字化人才定期服务开发区，充实开发区党政人才队伍，为推进数字技术赋能开发区治理凝聚人才力量。

（3）强化专业化数字人才队伍建设。根据目前数字技术赋能开发区治理实践所需的人才类型，确定数字人才培养发展战略。发挥高校、企业、科研单位等的合力，共同培养数字化人才。高校开设数字治理相关专业，企业和科研院所为其提供实习机会，提高其数字治理能力。完善数字治理人才扶持政策，提升服务保障能力。根据开发区人才需求，制定数字化人才引进方案，吸引数字化治理人才加入开发区治理，丰富参与形式，加大扶持力度，让他们愿意扎根开发区，参与数字技术赋能治理实践，提升治理成效。培育数字治理多层次人才队伍，发挥治理合力，为推进数字技术赋能开发区治理提供智力支持。

通过以上举措，深化数字赋能开发区多元主体共治，凝聚各方力量，提升治理效能，推动开发区实现高质量发展。

6.3 数字技术赋能开发区治理的实例研究——杭州经济技术开发区

6.3.1 杭州经济技术开发区简介

1993 年 4 月 4 日，国务院正式批准设立杭州经济技术开发区。随后，2000 年 4 月 27 日，国务院批准杭州经济技术开发区为国家级经济技术开发区。杭州经济技术开发区位于杭州市西郊，地处钱塘江上游，沪杭甬快速公路和新长铁路贯穿其中。国务院批准在杭州经济技术开发区设立浙江杭州出口加工区。此后，江东工业园区、前进工业园区和临江工业园区分别于 2001 年、2002 年和 2003 年成立。开发区的建设为杭州的经济发展做出了重要贡献。目前，开发区已经成为杭州市对外开放的窗口，先后被国务院授予“全国先进开发区”“国家生态旅游示范区”等称号。

杭州经济技术开发区在招商引资方面成绩斐然，已批准超过 1400 家外商投资企业入驻，总投资额逾 700 亿美元。其中，75 家企业为全球 500 强企业投资项目，进一步巩固了开发区在国际经济舞台上的地位。与此同时，杭州经济技术开发区拥有全省规模最大的高教园区，为区域发展提供了有力支持与保障。高教园区汇集了14所高校，包括杭州部分顶尖大学。这些高校不仅输送了大量优秀人才，还拥有48个省部级重点实验室和82个省部级重点学科，为科研创新奠定了坚实基础。此外，杭州经济技术开发区设立了近30个国内外知名科研平台，涵盖各领域研究，吸引了众多顶尖科学家和研究团队。其中，中国科学院基础医学与肿瘤研究所等重要科研机构的加盟，进一步提升了开发区的科技创新能力和竞争力。2024年，杭州经济技术开发区（现钱塘区）在各方面持续取得卓越成就。在综合实力方面，钱塘区在国家级开发区及海关特殊监管区域等排名中继续保持领先地位，展现出强大的竞争力。在经济发展上，借助数字技术赋能，钱塘区经济呈现良好增长态势。虽无单独针对钱塘区2024年全年GDP、规模以上工业增加值、服务业增加值的增速数据，但可参考2024年杭州整体数据，杭州规上工业增加值增长4.0%，服务业增加值增长5.0%。在招商引资领域，钱塘区成果更为显著，批准入驻的外商投资企业数量大幅增加，已远超1400家，总投资额也远远超过700亿美元。其中，全球500强企业投资项目数量不断攀升，为区域经济发展注入了强大动力，进一步稳固了其在国际经济舞台上的重要地位。

6.3.2　数字技术基础设施建设

（1）搭建“一键找园”数字化平台。杭州经济技术开发区全力投入大数据与云计算技术的集成应用，打造了功能强大的“一键找园”应用平台。为实现园区空间信息的全面整合，开发区组织专业团队对园区内各类厂房、办公场地展开细致的勘查与数据采集，涵盖场地的面积、位置、楼层分布、周边交通状况、水电暖等配套设施，以及园区已入驻企业类型、产业集聚程度等信息，构建起庞大而精准的园区空间数据库。针对企业产业需求分析，平台运用先进的数据挖掘算法，深度剖析企业的行业类别、生产规模、发展阶段、未来扩张计划等多维度数据，实现对企业需求的精准画像。通过数据接口对接与实时更新机制，确保平台信息的及时性与准确性，为园区与企业的高效匹配提供坚实的数据支撑。

（2）构建工业互联网基础的“云端工厂”体系。开发区大力推进工业互联网基础设施建设，铺设高速稳定的网络通信线路，实现园区内5G网络全覆盖，保障生产设备间数据的高速传输。引入边缘计算技术，在生产现场部署边缘计算节点，对设备产生的海量数据进行实时预处理与分析，减少数据传输延迟，提高生产决策的实时性。为推动“云端工厂”模式的广泛应用，开发区还建立了工业互联网平台运营中心，负责平台的日常运维、技术升级与安全保障，为企业提供一站式的技术支持与服务。

6.3.3 数字技术赋能对开发区经济的影响

（1）优化资源配置，降低制度性成本。“一键找园”应用极大地改善了园区资源配置效率。以往企业寻找园区需耗费大量人力、物力与时间，通过各类中介机构、线下洽谈会获取信息，不仅信息有限而且存在偏差，沟通成本高昂。而现在，企业只需在平台上输入需求关键词，系统瞬间便能筛选出符合条件的园区列表，并提供详细的场地信息、租金价格、优惠政策对比等内容，企业能够快速做出决策，节省大量前期调研成本。园区通过平台精准定位潜在入驻企业，减少盲目招商的资源浪费，提高招商成功率。政府依据平台数据，深入了解园区产业布局与企业需求，制定更具针对性的产业扶持政策，优化资源调配，实现三方制度性成本的显著降低。

（2）推动产业升级，提升产业竞争力。区内规模以上企业数字化覆盖率达100%，“云端工厂”模式成为产业升级的强劲引擎。以汽车零部件制造企业为例，引入“云端工厂”后，生产线上的传感器实时采集设备运行参数、产品质量数据等信息，通过工业互联网上传至云端平台。借助大数据分析技术，企业能够提前预测设备故障发生概率，及时安排维护人员进行预防性维护，设备停机时间大幅缩短，生产连续性显著提高。同时，基于市场需求数据与生产进度实时监控，企业能够灵活调整生产计划，实现小批量、多品种的柔性生产，满足客户个性化需求，提高产品质量与市场竞争力。从产业层面看，众多企业的数字化转型推动了整个制造业向智能化、绿色化、服务化方向升级，促进产业结构优化，提升开发区在全球产业链中的地位，吸引更多优质企业与项目入驻，推动经济高质量发展。

6.3.4 数字技术赋能多元主体参与开发区治理

（1）企业参与度提升。“一键找园”应用增强了企业在园区选择与发展规划中的话语权。企业通过平台不仅能便捷地找到合适园区，还能将自身发展需求与对园区服务的期望反馈给政府与园区管理方，参与园区服务优化与政策制定。在“云端工厂”模式下，企业内部各部门通过数字化平台实现信息实时共享与协同工作，打破部门壁垒，提高运营效率。企业与供应商、客户之间借助云端平台实现供应链的深度协同，共同参与市场竞争与产业创新。

（2）政府治理效能增强。政府依托“一键找园”平台数据，精准把握园区资源供需动态，制定科学合理的园区发展规划与产业政策。在“云端工厂”建设过程中，政府通过政策引导、资金扶持等方式，鼓励企业开展数字化转型，搭建公共技术服务平台，为企业提供技术培训、设备租赁等服务，推动产业升级。政府利用大数据分析技术，对企业生产经营数据、市场动态数据进行监测与分析，及时发现经济运行中的问题与风险，提前制定应对策略，实现经济的稳定运行与可持续发展。

（3）园区管理优化。园区管理方借助“一键找园”平台，实现招商工作的精准化与智能化，提高园区入驻率与产业集聚度。在园区日常管理中，利用物联网、人工智能等技术，对园区的基础设施、环境安全、能源消耗等进行实时监控与智能化管理，提升园区管理效率与服务质量。通过与企业在“云端工厂”模式下的协同合作，园区管理方能够及时了解企业需求，提供更贴心的服务，增强园区对企业的吸引力与凝聚力。

杭州经济技术开发区的成功实践充分彰显了数字技术在开发区治理中的巨大潜力。通过完善数字基础设施建设，有力推动了经济发展与多元主体参与治理，为开发区的可持续发展注入了强大动力，其经验值得广泛推广与深入学习。

第 7 章

研究结论与展望

7.1 研究结论

在数字经济蓬勃发展的时代背景下，开发区作为区域经济增长的重要驱动力，其治理模式的创新与优化成为学界和实践领域共同关注的焦点。本书围绕数字技术赋能开发区治理这一核心议题，从理论与现实两个层面展开深入探讨，旨在为开发区的数字化转型与高质量发展提供全面的理论支撑与实践指导。

7.1.1 理论维度

本书构建了基于网络嵌入视角的数字技术赋能开发区治理分析框架，从理论上深入剖析了数字技术赋能的内在机制以及网络嵌入的调节作用。从数字技术赋能维度，研究揭示了工具化、结构化和智能化三个关键维度与开发区治理绩效之间的显著正相关关系。工具化维度体现了数字技术作为具体工具在开发区日常管理中的直接应用。智能交通系统和智能监控系统等技术工具的广泛应用，直接作用于交通和安全管理领域，优化了交通流量，保障了开发区的安全稳定，提升了管理效率。这一维度的理论贡献在于明确了数字技术的基础应用价值，为开发区在基础设施层面的数字化建设提供了理论依据。结构化维度强调了数字技术对治理结构和协同机制的优化作用。行政流程改革和数字化协同治理框架的搭建，打破了部门间的信息壁垒，促进了多元主体间的信息共享与协同合作。这不仅丰富了治理理论中关于结构优化和协同治理的内涵，更为开发区在组织和制度层面的创新提供了理论指导，推动了治理理论在数字化时代的发展。智能化维度借助大数据分析和人工智能技术，为开发区治理决策提供了强大支持。通过挖掘数据价值，实现精准决策和风险预测，推动产业升级。这一维度的理论创新在于将前沿的信息技术与治理决策理论相结合，拓展了治理理论的研究范畴，为开发区在战略决策和产业发展方面的研究提供了新的理论视角。

在网络嵌入的调节作用方面，研究表明组织间嵌入和双边嵌入通过加强组织间的资源共享与合作互动，促进了数字技术在开发区内的高效传播和应用，增强了数字技术赋能与治理绩效之间的关系。尽管环境嵌入的调节作用在本书中未通过显著性检验，但这也为后续研究提供了理论探讨的方向，即如何在复杂的环境因素中进一步挖掘环境嵌入对开发区治理的潜在影响，丰富了网络嵌入理论在开发区治理情境下的应用研究。

7.1.2 现实视角

基于理论研究成果，本书为开发区的数字化发展提出了一系列具有针对性和可操作性的建议。

（1）在数字技术应用方面，加大对数字基础设施建设的投入，提升数据存储和处理能力，为数字技术的深度应用奠定基础。优化数字化协同治理框架，制定统一标准，促进企业间的协同合作，提高治理效率。推进管理层级扁平化改革，减少信息传递层级，提升决策的及时性和准确性。引入先进数据分析技术，实现精准服务，满足企业和居民的多样化需求。加强数字化信息平台的宣传推广，提高公众参与度，推动智能化应用的普及。

（2）在开发区经济发展层面，政府应加大对企业技术创新的支持力度，鼓励企业增加研发投入，培养和引进高端人才，提升企业的核心竞争力。营造公平有序的市场竞争环境，加强市场监管，引导企业通过创新和质量提升实现可持续发展。推动产业结构优化升级，培育新兴产业，提高产业附加值，增强开发区的经济实力。积极引导企业开展产学研合作，提升自主创新能力，拓展国际市场，提升开发区在全球经济中的影响力。

（3）在多元治理主体参与共治方面，建立健全公众参与机制，拓宽参与渠道，让公众能够充分表达意见和建议。优化组织结构，明确各部门职责，提高工作效率。推广数字化协同治理框架，加强企业间的协同合作。定期组织培训和交流活动，强化治理主体的协同意识和能力，明确党政主导作用，加强制度制定过程中的社会参与，清晰界定治理权责关系，增强多元主体之间的信任，形成强大的治理合力。

7.2　研究展望

在数字经济蓬勃发展的时代背景下，本书致力于探索数字技术赋能开发区治理的路径与机制，虽取得一定成果，但受限于主观能力和客观条件，如个人研究视角的局限性、所选园区和企业样本数量的有限性，研究仍存在诸多可拓展与深化之处。展望未来，该领域研究前景广阔，值得从多个关键方向深入挖掘。

7.2.1　深化数字技术创新应用

大数据、人工智能、物联网等数字技术正以日新月异的速度发展，未来研究可聚焦于这些新兴技术与开发区治理的深度融合与创新应用。以人工智能在医疗领域的精准诊断应用为例，在开发区治理中，可利用人工智能算法对海量的经济运行数据、企业发展数据以及社会民生数据进行深度挖掘与分析，实现对开发区发展态势的精准预测与风险预警。区块链技术凭借其去中心化、不可篡改等特性，在优化开发区供应链管理方面潜力巨大。构建基于区块链的供应链系统，能实现供应链各环节信息的实时共享与透明化，有效降低交易成本，提升供应链的整体效率和安全性。同时，在数据安全与信任机制建设上，区块链技术可确保开发区内数据的真实性和完整性，为企业间的合作提供坚实的信任基础。

虚拟现实（VR）和增强现实（AR）技术为开发区的规划展示与项目模拟开辟了新路径。利用 VR 技术，可打造沉浸式的开发区规划展示平台，让决策者、企业和公众更直观地感受开发区的未来布局和发展愿景。在项目模拟方面，AR 技术能够将虚拟信息与现实场景相结合，为工程项目的设计、施工和管理提供实时、准确的指导，极大提高项目的执行效率和质量。此外，数字技术与绿色发展理念的融合也是未来研究的重要方向。通过建立能源消耗监测与管理系统，利用大数据分析和人工智能算法，实现对开发区能源消耗的精准监测与优化，推动绿色制造、节能减排等目标的实现，助力开发区构建可持续发展的数字生态体系。

7.2.2 深化对不同类型开发区的针对性洞察

不同生命周期和级别的开发区在产业基础、资源禀赋、发展定位等方面存在显著差异，这就要求未来研究深入开展针对性分析。对于处于创建期的开发区，首要任务是快速搭建数字技术基础设施，吸引数字经济相关企业入驻。通过建设高速网络、云计算中心等基础设施，为数字产业的发展提供良好的硬件环境。同时，制定优惠政策，吸引数字技术企业、科研机构和创新人才集聚，形成数字产业集聚效应。针对发展期的开发区，应聚焦于如何利用数字技术推动产业升级转型。通过引入工业互联网、智能制造等先进技术，提升传统产业的生产效率和产品质量，实现产业的数字化、智能化转型。鼓励企业加大研发投入，开展技术创新，培育新兴产业，提升产业竞争力。对于成熟期和复杂期的开发区，研究重点应放在如何借助数字技术完善治理体系，解决复杂的社会经济问题。利用大数据分析社会经济运行中的各类数据，及时发现问题并制定相应的解决方案，实现高质量可持续发展。

在不同级别开发区方面，除了继续加强国家级开发区对省级及其他开发区的带动作用研究外，还应关注不同地区、不同特色的省级及其他开发区的数字技术赋能路径。每个省级开发区都有其独特的产业优势和发展需求，通过深入研究，挖掘其独特优势，制定个性化的数字技术赋能策略，实现差异化发展。

7.2.3　强化对多元治理主体协同治理的动态探索

多元治理主体的协同合作是开发区治理的关键，但目前研究多集中在静态分析，未来应加强动态研究。跟踪不同治理主体在数字技术赋能过程中的行为变化和互动关系，研究如何建立长效的协同机制，以应对不断变化的市场环境和社会需求。在应对突发公共事件（如疫情、自然灾害等）时，利用数字技术实现政府、企业、社会组织和公众之间的高效协同，提升开发区的应急治理能力。通过建立应急指挥平台，整合各方资源，实现信息的实时共享和快速传递，确保应急响应的及时性和有效性。

探索如何通过数字技术创新公众参与方式，利用社交媒体平台、智能移动应用等，实时收集公众意见和反馈，使公众能够更深入地参与开发区的日常治理和决策过程中。建立公众参与的激励机制，鼓励公众积极参与开发区的建设和发展，不断完善多元治理主体协同治理的动态机制。

7.2.4 重视数字技术人才培养的探索

人才是推动数字技术赋能开发区治理的核心要素。未来需加强数字技术人才培养模式的研究，高校和职业院校应结合开发区的实际需求，优化课程设置，开设大数据分析、人工智能应用、区块链技术等相关专业课程，培养具备扎实理论基础和实践能力的专业人才。企业应加强与高校、科研机构的合作，建立实习实训基地，为学生提供实践机会，同时也为企业自身储备优秀人才。此外，还应注重对现有开发区管理人员和企业员工的数字技术培训，通过开展线上线下相结合的培训课程，提升其数字素养和应用能力，打造一支适应数字经济时代发展需求的人才队伍。

未来数字技术赋能开发区治理的研究将在多个维度不断拓展和深化，为开发区的可持续发展提供更强大的理论支持和实践指导。随着研究的深入开展，有望为开发区在数字经济时代实现高质量发展开辟新的道路。

参考文献

[1] 阿荣. 内陆开发区可持续发展研究的有益探索 [J]. 江汉论坛, 2000 (10): 24-39.

[2] 安静赜, 梁鲜桃, 张学刚, 等. 开发区工业园区建设与经济发展 [J]. 理论研究, 2004 (12): 14-17.

[3] 鲍克. 中国开发区研究 [M]. 北京: 人民出版社, 2002.

[4] 鲍克. 中国开发区研究—入世后开发区微观体制设计 [M]. 北京: 人民出版社, 2002.

[5] 曹休. 基于产业集群的工业园区发展研究 [J]. 经济地理, 2004, 24 (4): 440-443.

[6] 曹群. FDI 与地方产业集群发展的效应分析 [J]. 商业研究, 2006 (6): 144-146.

[7] 陈国权, 陈永杰. 第三区域的集权治理及其廉政风险研究 [J]. 经济社会体制比较, 2017 (1): 142-150.

[8] 陈科霖. 狄龙规则与地方自治: 美国的实践经验及对中国的借鉴启示 [J]. 甘肃行政学院学报, 2015 (2): 4-14.

[9] 陈科霖. 开发区治理中的政企统合模式研究 [J]. 甘肃行政学院学报, 2015 (4): 43-52.

［10］邓小平．邓小平文选（第三卷）［M］．北京：人民出版社，1993.

［11］丁柏传．国家级经济技术开发区发展定位和方向理论研讨会综述［J］．理论前沿，1999（14）：15－21.

［12］冯军旗．中县干部［D］．北京：北京大学，2010.

［13］谷源洋．世界经济自由区大观［M］．北京：世界知识出版社，1993.

［14］国家发展和改革委员会．中国开发区审核公告目录（2018 年版）［EB/OL］．（2018－03－02）［2023－12－01］．https：//www.cadz.org.cn/index.php/develop/index.html.

［15］韩伯棠，李强，张彩波，等．熵权法优属度矢量模型与开发区发展评价［J］．中国管理科学，2005，13（6）：22－29.

［16］胡建淼．行政法学（第三版）［M］．北京：法律出版社，2010.

［17］胡炜．走过十年［M］．上海：上海人民出版社，2004.

［18］黄建洪．国家级开发区转型升级中的治理体制机理创新：向度与题域［J］．中国行政管理，2019（5）：52－58.

［19］黄建洪．中国开发区治理与地方政府体制改革研究［M］．广州：广东人民出版社，2014.

［20］黄清亮．经济开发区管理体制初探［J］．漳州师院学报，1998（4）：45－51.

［21］黄小斌．试论我国高技术开发区布局［J］．经济地理，2000，20（6）：34－38.

［22］何兴刚．城市开发区：区位选择、投资环境、产业结构［J］．开发研究，1994（2）：45－46.

［23］何兴刚．城市开发区的理论与实践［M］．西安：陕西人民出版社，1995.

［24］匡致远．论高新技术产业开发区的产业集群导向发展［J］．学

术研究，2000（10）：33－37.

［25］雷霞．我国开发区管理体制问题研究［D］．济南：山东大学，2009.

［26］李强．多元化城镇化与中国发展：战略及推进模式研究［M］．北京：社会科学文献出版社，2013.

［27］李振远，郑传芳．推进土地管理制度创新，破解开发区土地制约难题［J］．福建农林大学学报（哲学社会科学版），2011，14（3）：16－20.

［28］刘建华．中国经济技术开发区发展定位和方向研究［M］．北京：中国社会科学出版社，1999.

［29］刘蕲冈．关于开发区清理整顿的思考［J］．中国开发区，2004（5）：25－27.

［30］刘圣中．历史制度主义：制度变迁的比较历史研究［M］．上海：上海人民出版社，2010.

［31］刘伟忠，欧阳君君．开发区管理与服务转型研究［M］．南京：南京大学出版社，2014.

［32］刘炜娜．开发区区位优势分析与对策［J］．产权导刊，2011（2）：41－43.

［33］吕薇．关于开发区管理体制的思考［J］．重庆工学院学报，2004，18（1）：3－7.

［34］马洪．中国经济技术开发区投资管理指南［M］．北京：中国统计出版社，1993.

［35］马骏，郭巍青．公共管理研究：新的研究方向［J］．武汉大学学报（社会科学版），2001，54（1）：23－27.

［36］庞明礼，徐干．开发区扩张、行政托管与治权调适——以H市经济技术开发区为例［J］．郑州大学学报（哲学社会科学版），2015，48（2）：66－68.

[37] 钱振明. 城镇化发展过程中的开发区管理体制改革：问题与对策 [J]. 中国行政管理，2016 (6)：13 - 17.

[38] 任建雄，孙琪，闫国庆. 我国开发区企业化经营模式下的公共治理研究 [J]. 经济论坛，2005 (24)：8 - 10.

[39] 孙洪健. 我国开发区行政管理体制创新问题研究 [D]. 长春：吉林大学，2005.

[40] 孙侃. 中国开发区走过二十年 [N]. 国际商报，2004 - 05 - 10 (5).

[41] 孙卓然，李正图. 开发区开发模式研究 [J]. 上海经济研究，2011 (5)：25 - 31.

[42] 王缉慈. 产业集群和工业园区发展中的企业邻近与集聚辨析 [J]. 中国软科学，2005 (12)：91 - 99.

[43] 王缉慈，王可. 区域创新环境和企业根植性—兼论我国高新技术企业开发区的发展 [J]. 地理研究，1999，18 (4)：357 - 362.

[44] 王明舒，朱明. 利用云模型评价开发区的土地集约利用状况 [J]. 农业工程学报，2012，28 (10)：247 - 252.

[45] 王兴平，崔功豪. 中国城市开发区的区位效益规律研究 [J]. 城市规划汇刊，2003 (3)：69 - 73.

[46] 吴金群. 网络抑或统合：开发区管委会体制下的府际关系研究 [J]. 政治学研究，2019 (5)：97 - 108.

[47] 闫国庆，仲鸿生，任建雄. 我国开发区治理模式探索 [J]. 管理世界，2006 (1)：147 - 148.

[48] 殷存毅，何晓裴. 开发区管理体制“政府化”演变的理论分析——新制度经济学的视角 [J]. 公共管理评论，2015，19 (2)：9 - 23.

[49] 余宗良. 困境与出路：开发区管委会法律性质之辩 [J]. 中南大学学报（社会科学版），2013，19 (3)：145 - 165.

[50] 张宪涛，丁峻强，雷霞．新常态下开发区土地集约利用评价［J］．西北农林科技大学学报（社会科学版），2016，16（2）：35－42.

[51] 赵玉林．经济技术开发区产业结构优化问题探讨［J］．科技进步与对策，1998，15（6）：13－19.

[52] 周伟莨．开发区土地利用与管理问题初探［J］．中国土地，2006（2）：11－13.

[53] 宋宏．十字路口的选择：开发区治理体制研究［M］．合肥：安徽人民出版社，2016.

[54] 孙洪健．我国开发区行政管理体制创新问题研究［D］．长春：吉林大学，2005.

[55] 吴振坤．对外开放经济学教程［M］．北京：中共中央党校出版社，1998.

[56] 吴金群．网络抑或统合：开发区管委会体制下的府际关系研究［J］．政治学研究，2019（5）：97－108.

[57] 王永明．地级市辖区行政职能和管理体制探析——以温州市龙湾区为例［D］．上海：复旦大学，2008.

[58] 王成新，刘洪颜，史佳璐，等．山东省省级以上开发区土地集约利用评价研究［J］．中国人口·资源与环境，2014，24（6）：128－133.

[59] 王兴平，崔功豪．中国城市开发区的区位效益规律研究［J］．城市规划汇刊，2003（3）：69－73.

[60] 王明舒，朱明．利用云模型评价开发区的土地集约利用状况［J］．农业工程学报，2012，28（10）：247－252.

[61] 王缉慈，王可．区域创新环境和企业根植性——兼论我国高新技术企业开发区的发展［J］．地理研究，1999，18（4）：357－362.

[62] 王缉慈．产业集群和工业园区发展中的企业邻近与集聚辨析［J］．中国软科学，2005（12）：91－99.

[63] 汪搏，向隅．我国高新技术产业开发区发展状况比较评价［J］．技术经济与管理研究，2005（4）：25－27.

[64] 徐剑光．温州产业区重构：空间、演化与网络［D］．上海：华东师范大学，2014.

[65] 闫国庆，仲鸿生，任建雄．我国开发区治理模式探索［J］．管理世界，2006（1）：147－148.

[66] 喻匀，陈国权．一统体制、权力制约与政府创新——访浙江大学中国地方政府创新研究中心主任陈国权教授［J］．新视野，2011（5）：44－46.

[67] 俞可平．治理与善治［M］．北京：社会科学文献出版社，2000：87－88.

[68] 伊士国．开发区管理委员会法律地位问题探析［J］．行政论坛，2010（2）：69－73.

[69] 殷存毅，何晓裴．开发区管理体制"政府化"演变的理论分析——新制度经济学的视角［J］．公共管理评论，2015，19（2）：9－23.

[70] 殷存毅，汤志林．治理结构与开发区技术创新：中国开发区发展问题解读［M］．北京：社会科学文献出版社，2012.

[71] 殷存毅，夏能礼．治理特征、激励结构与区域租金——开发区经济增长的内在机理解释［J］．理论探讨，2015（1）：77－80.

[72] 余宗良．困境与出路：开发区管委会法律性质之辩［J］．中南大学学报（社会科学版），2013，19（3）：145－165.

[73] 于杰．济南高新技术开发区产业集群及其核心竞争力分析［J］．人文地理，2009，24（6）：63－67.

[74] 杨新年．知识经济对经济学理论的几点创新［J］．学习与实践，1998（8）：22－43.

[75] 张学刚，安静赜，梁鲜桃．开发区、工业园区建设与我区经济发展［J］．理论研究，2004（12）：14－17.

［76］赵玉林．经济技术开发区产业结构优化问题探讨［J］．科技进步与对策，1998，15（6）：13－19.

［77］张冉，楼鑫鑫．中国行业协会研究热点与展望：基于知识图谱的分析［J］．治理研究，2020，36（1）：47－58.

［78］詹姆斯·N. 罗西瑙．没有政府的治理［M］．张胜军，译．南昌：江西人民出版社，2001：9－10.

［79］朱永新．中国开发区组织管理体制与地方政府机构改革［M］．天津：天津人民出版社，2001.

［80］赵海娟．我国开发区行政管理体制创新研究——以烟台经济技术开发区为例［D］．西安：西北大学，2011.

［81］张宪涛，丁峻强，雷霞．新常态下开发区土地集约利用评价［J］．西北农林科技大学学报（社会科学版），2016，16（2）：35－42.

［82］周伟莨．开发区土地利用与管理问题初探［J］．中国土地，2006（2）：11－13.

［83］张镧．湖北省高新技术开发区产业发展水平的评价［J］．决策参考，2015（3）：55－57.

［84］曾刚，彭浩．上海市开发区土地集约评价［J］．经济地理，2009，29（7）：1177－1181.

［85］张新明，朱元秀，徐长乐．长三角高新技术产业开发区发展评价研究［J］．长江流域资源与环境，2013，22（4）：394－398.

［86］B. J. Berry.（1980）. *Hierarchical Diffusion in Growth Centers in Regional Development*. NK：Free Press New York.

［87］Chung，J.，& Hsueh，L. W.，& Bou，W.，L.（2006）. Evaluating the development of high－tech industries：Taiwan's science park. *Technological Forecasting and Social Change*，73（4），452－465.

［88］Crutchley，E.（1999）. Agency Problems and the Simultaneity of

Financial DecisionMaking, *The Role of Institutional Ownership. International Review of Financial Analysis*, (3). 16 – 23.

[89] Granovet, M. (1985). Economic action and social structure: the problem of embedding. *American Journal of Sociology*, 91 (3). 45 – 75.

[90] Hagedoorn, J. (2006). Underst anding the cross – level embedding of interfirm partnership formation. *Academy of Management Review*, 31 (3). 77 – 98.

[91] Justin, T. (2006). Growth of industry clusters and innovation: *lessons from BeijingZhongguancun Science Park. Journal of Business Venturing*, 21 (6), 827 – 850.

[92] Kttle, D. (1993). *SharingPower. Public Governance and Private Markets.* Washington, D. C: Brookings Institution.

[93] Kgrugman, P. (1995). Growing World Trade. *Bookings Papers on economic Activity*, (1). 67 – 89.

[94] Li. (2000). Environmental Dynamism. A Theoretical Integration and An Empirical Test. *Strategic*, (4). 34 – 47.

[95] Lofstenh, lindelfp. R & D. (2005). networks and production innovation patterns – academic andnon – academic new technology – base dirms on ScienceParks. *Technovation*, 25 (9), 1025 – 1037.

[96] McGee, T. G. (1971). The Urbanization Process in the Third world. *Bell*, (3). 87 – 103.

[97] Morril, R. (1984). Spatial Diffusion. *Sage Publications Inc.* (3). 77 – 93.

[98] Nelson, R., & Winter, S. G. (1982). *An evolutionary theory of economic chang.* Cambridge and London: Harvard University Pres.

[99] Petralzzni, B. (1996). *Global Telecom Tallks: A Trillion Dollar Deal.* Washington, DC: Institute For International Economics.

[100] Porter, M., &Sabel, C. (1985). *The School Industrial Divide: Possibilities for Prosperity*. New York: Basic Books.

[101] Penrose, E. F. (1959). *The theory of the growth of the firm*. Oxford: Oxford Unviersity Press.

[102] Rhee, S. G. (1989). *Pacific Basin Capital Markets Research*. Amsterdam: Elsevier Science Pub.

[103] Richardson, G B. (1972). *The organization of industry*. the Economic Journal, 82 (327): 883 -896.

[104] Thomsen. P. (2000). Ownership Structure an Economic Performance in the Langagest European Companies. *Strategic Management Journal*. (5), 65 -78.

[105] Uzzi, B. (1996). The source and consequences of embedding or the economic performance of organizations: the network effect. *American Sociological Review*, 61 (4). 123 -132.

[106] Vorhies, D. W. (2005). Morgan, N. A. Bench marking marketing capabilities for sustainable competitive advantage. *Journal of Marketing*, (6), 80 -94.

[107] ZUKIN, S., &DIMAGGI, P. (1990). *Structures of Capital: The Social Organization of Economy*. Cambridge, M A: Cambridge University Press.

后　记

在完成这篇关于数字技术赋能开发区治理的研究工作之际，我满心感慨，也满怀感恩。

浙江树人学院为我提供了极为优越的研究环境与学术氛围。学院丰富的学术资源、先进的研究设施，宛如一座座知识的灯塔，照亮了我探索未知的漫漫长路。在这里，我得以深入钻研开发区治理的诸多复杂课题，不断拓展学术视野，提升研究能力。学院对学术研究的高度重视与大力支持，让我能够全身心地投入到这项意义非凡的研究中，毫无后顾之忧。

特别要感谢阎洪教授，他不仅是我的学术导师，更是我人生道路上的引路人。阎教授以其深厚的学术造诣、严谨的治学态度，为我指明了研究方向，耐心地解答我在研究过程中遇到的种种难题，引导我突破思维瓶颈，不断挖掘问题的本质。他的悉心指导，如同春雨润物，无声地滋养着我的学术成长，让我在开发区治理这一领域的研究逐渐走向深入。

还要感谢浙江树人学院的同事们，田甜博士、杨之雷副教授等，他们给予我的帮助和支持同样不可或缺。在研究过程中，我们多次开展学术研讨，大家各抒己见，思维的火花在交流碰撞中闪耀。田甜博士凭借其敏锐的学术洞察力，为我提供了许多新颖的研究视角。他们的专业素养和团队协作精神，让我深刻体会到学术研究的魅力与力量，也让我更加坚信，只有携手共进，才能在学术的海洋中乘风破浪，驶向成功的彼岸。

这段研究经历，是我人生中一段宝贵而难忘的旅程。感谢浙江树人学院，感谢阎洪教授，感谢每一位给予我帮助和支持的同事。未来，我将继续秉持这份感恩之心，在学术道路上砥砺前行，为开发区治理乃至更广泛的经济社会发展贡献自己的一份绵薄之力。